내 직업은
직업발명가

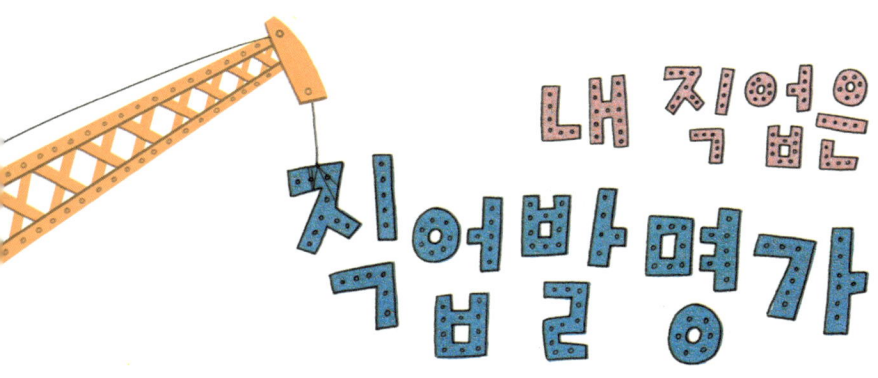

내 직업은 직업발명가

강승임 글 | 박민희 그림

책속물고기

머리말

내가 정말 원하고 좋아하는 일이라면…
직업을 발명해도 괜찮아!

우리, 꿈 얘기해 볼까? 잠을 자는 동안 꾸는 꿈 말고, 내가 되고 싶고 이루고 싶은 그 꿈 말이야. 그럼 나부터 얘기해 볼게.

난 어렸을 때 꿈이 정말 자주 바뀌는 아이였어. 맨 처음 꿈은 화가였지. 어느 날 학교에서 그림 대회가 열렸는데 내 그림이 뽑힌 거야. 그냥 즐겁게 그렸을 뿐인데 상까지 받으니까 왠지 꼭 화가가 되어야 할 것 같았어.

그러다 태권도장에 다니면서 꿈이 바뀌었지. 태권도 국가 대표 선수로 말이야. 그때 마침 올림픽이 열려 태권도 대표 선수들이 시합하는 걸 봤는데 너무 멋있는 거야. 그래서 나도 가슴에 태극 마크를 달고 화려한 발차기로 상대를 제압해 금메달을 목에 걸고 싶었지.

이것도 잠시, 곧 다른 꿈이 생기고 말았어. 바로 형사였어. 텔레비전에서 경찰 아저씨들이 용감하게 범인을 잡는 모습을 보고 완전 반해 버렸거든. 그런데 이게 끝이 아니야. 대학에 가서는 영화감독, 기자, 광고 카피라이터, 방송국 프로듀서 등 다시 또 수많은 꿈을 꾸었지.

그러던 어느 날 나의 꿈과 미래에 대해 좀 더 진지하게 고민해 보아야겠다는 생각을 했어. 단순히 어떤 직업을 가져야겠다는 생각 말고 내가 원하고 바라는 것, 좋아하고 잘할 수 있는 게 뭔지 깊이깊이 생각해 보았지. 그동안 내가 꾸었던 꿈들은 그냥 남들 눈에 좋아 보이는 것들이었지. 나는 내가 어떤 사람인지 탐구해 보았어. 그랬더니 내가 정말 원하고 좋아하는 게 무엇인지 깨닫게 되었어. 그건 다른 사람에게 내가 아는 걸 나눠 주고 그 사람과 함께 성장하는 거였지. 그 순간 내 머릿속에 '교육'이 딱 떠올랐어.

그래서 대학을 졸업하고 독서교육 회사에 들어가 아이들을 만나기 시작했지. 그리고 대학원에 들어가 교육 철학도 공부했어. 지금은 어른들도 가르치고 책도 쓰고 있단다.

자, 이제 너희 차례야. 누구부터 꿈 이야기를 들려줄래? 아직 직업을 못 정했다고? 괜찮아. 정말 원하고 좋아하는 일이라면 네가 직접 그에 맞는 직업을 발명해도 돼. 무슨 말인지 모르겠다고? 그럼 일단 이 책에 나온 정우와 수민이의 이야기를 함께 들어 보자. 너희와 공통점이 많아 꿈을 향해 함께 한 발 앞으로 나아가는 법을 발견할 수 있을 거야.

글쓴이 강승임

차례

1장

나도 돈을 벌 거야 · 8

일과 직업의 의미 · 24
일을 하는 이유는 여러 가지가 있어요!

2장

직업을 만들면 어때 · 26

직업의 변화 · 40
앞으로 어떤 직업이 인기를 끌까요?

3장

누나의 비밀, 꿈 노트 · 43

꿈꾸는 습관 기르기 · 57
큰 꿈을 이루고 싶어요?

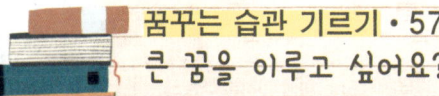

4장
나에게 딱 맞는 일 • 60

진짜 내 적성 찾기 • 76
내 적성은 어떤 걸까요?

5장
한 발 앞으로 • 80

내가 주인공인 이야기 쓰기 • 94
나도 진로 계획을 세우고 싶어요!

부록 스스로 쓰는 진로 계획 노트
내가 주인공인 나의 길을 찾아서 • 96

정우 이야기

1장 나도 돈을 벌 거야

아빠가 이상해

아빠가 이상하다. 아무래도 괴물로 변신 중인 것 같다. 물론 더 지켜봐야 알겠지만 지난 한 달 동안 정말 하루도 안 빠지고 화를 냈다. 으르렁으르렁 꼭 늑대인간처럼 말이다. 게다가 얼굴색도 점점 변해 간다. 처음엔 누랬다가 요즘엔 검어진다.

그런데 한 가지 이상한 점도 있다. 괴물들은 보통 온몸이 거친 털로 덮여 있는데 아빠는 오히려 머리털이 숭숭 빠진다. 같이 밥을 먹을 때 보면 정수리가 훤히 보일 정도다. 잠깐, 털이 빠진다……?

"그렇다면 혹시…… 공룡 같은 파충류로 변하는 거 아니야?"

"야! 뭔 소리야?"

한참 심각하게 말하고 있는데 누나가 중간에 말을 뚝 끊었다.

"너 정말 게임을 너무 많이 해서 머리가 어떻게 된 거 아냐? 아빠가 무슨 게임 캐릭터냐? 진화도 아니고…… 무슨 말 같지도 않은 소릴 하고 있어!"

누나는 요즘 내가 무슨 말만 하면 게임이랑 연관 짓는다. 이건 엄마도 마찬가지고, 아빠는 더 심하다. 사실 아빠가 점점 괴물로 변한다고 생각하게 된 것도 게임 잔소리들 때문이다. 전에는 아빠한테 이런 잔소리를 들은 적이 없다.

"야, 공정우! 너 또 게임이야? 그렇게 만날 게임만 해라! 응!"

"야, 공정우! 너 방이 왜 그래? 게임하는 데 정신 팔려서 방이 거지굴이 되는 것도 모르고!"

"야, 공정우! 또 TV야? 게임 아니면 TV! 대체 커서 뭐가 되려고 그래?"

야, 공정우!

아빠는 요즘 나를 보기만 하면 내 이름 석 자를 소리쳐 부르고는 게임을 너무 많이 한다, 게임에만 미쳐 있다, 게임하느라 다른 걸 안 한다고 화를 낸다. 게임을 한 지 채 1분이 안 되었는데도 무조건 오래 했다고 생각해 버린다. 어떤 때는 일주일 동안 안 하다가 겨우 한 번 한 걸 가지고 매일매일 한 것처럼 꾸중을 한다. 이럴 땐 정말 억울하다.

사실 전에는 엄마가 게임한다고 나무라면 아빠가 나서서 나를 감싸 주었다.

"정우도 스트레스를 풀어야지, 어째 공부만 해?"

"남자아이들은 다 저러면서 크는 거야. 내가 알아."

이랬던 아빠가 이제는 그 누구보다 날 심하게 야단치고 있으니 변신이 아니고 뭔가?

"그게 아니라고! 게임 때문이 아니라 아빠가 정말 이상해지고 있어서 그래!"

나는 누나한테 아빠의 짜증과 화와 얼굴색과 머리털의 변화를 하나하나 설명했다. 하지만 누나는 한심하다는 표정을 지을 뿐 내 얘기에 조금도 신경 쓰지 않았다.

"아휴, 한숨밖에 안 나온다. 회사에서 스트레스를 많이 받아서 그러시겠지. 너까지 아빠 속 긁지 말고 게임 좀 그만해!"

"내가 언제 아빠 속을 긁어? 아빠가 만날 나만 보면 먼저 화를 내시는데!"

"됐어! 나 수학 공부 해야 하니까 얼른 나가!"

누나는 억지로 나를 밀어내고는 방문을 쾅 닫아 버렸다. 수학도 못하면서 하는 척은!

혹 떼려다가 도로 더 큰 혹을 하나 붙이고 나온 느낌이다. 나중에 아빠가 정말 괴물로 변신하면 어쩌려고!
그때는 이미 후회해도 소용없을걸.

게임 금지령

> 오늘부터 게임하면 쫓겨날 줄 알아!

"안 돼!"

엄마가 한 치의 망설임도 없이 냉정하게 거절했다!

"왜요? 스마트폰 게임 안 하는 대신 보드게임은 해도 된다고 했잖아요! 그럼 보드게임을 사 줘야죠!"

며칠 전 아빠가 마침내 게임 금지령을 내렸다. 나는 그동안 아빠가 나에 대해 오해한 점을 다 말하고 이 결정을 막아 보려고 했다. 하지만 빨갛게 충혈된 아빠의 눈동자를 보니 차마 입을 뗄 수가 없었다. 무슨 말을 하면 그 말이 주문이 되어 아빠가 완전히 괴물로 변할 것 같았기 때문이다. 그 정도로 무시무시했다.

"야, 공정우! 이 녀석이 보자 보자 하니까 점수가 이게 뭐야? 너 만날 게임만 하더니 게임에 미쳐서 공부는 하나도 안 한 거야? 오늘부터 게임 하면 쫓겨날 줄 알아! 알겠어?"

난 그 자리에 완전히 얼어붙어 버렸다. 아니, 아빠의 화가 순식간에 나를 태워 버릴까 봐 온몸이 부들부들 떨렸다. 아빠는 64점이 크게 적힌 수학 시험지를 획 던져 버렸다. 내 발 앞에 시험지가 떨어질 때 내 심장도 바닥에 쿵 떨어졌다. 나도 모르게 눈물이 흘러내렸다.

"왜 울어? 뭘 잘했다고 울어? 이게 점수야? 울지 말고 대답해!"

"게임, 안 하겠습니다. 흑흑."

나는 겨우 입을 열어 대답을 하고는 방으로 들어가 큰 소리로 엉엉 울었다. 그러자 엄마가 따라 들어와 대신 보드게임을 하게 해 준다고 약속했다. 그런데 이제 와서 다른 말을 하는 것이다.

"집에 있는 거 하면 되잖아. 엄마가 언제 새로 사 준다고 했니?"

"그거 완전 옛날 거여서 재미없단 말이에요. 엄마도 알면서! 요즘에 나온 마블 보드게임으로 사 주세요. 수민이네 엄마도 사 줬단 말이에요!"

"뭐가 옛날 거야? 산 지 석 달밖에 안 됐어. 정 하고 싶으면 수민이네 집에 가서 해. 이번엔 못 사 줘. 할아버지 관절 수술 다시 받아야 해서 돈 없어."

"왜 돈이 없어요? 아빠한테 달라고 하면 되잖아요."

그때였다.

"야, 공정우!"

등 뒤에서 높고 날카로운 목소리가 내 뒤통수를 사정없이 때렸다. 이렇게 날 부를 사람은 아빠 말고 누나밖에 없다. 뒤를 돌아보니 역시 누나가 팔짱을 낀 채 나를 쏘아보고 있었다.

"아빠가 무슨 은행이냐? 아빠한테 돈 맡겨 놨어? 엄마, 아빠가 왜 네 보드게임까지 사 줘야 하는데? 그런 법이 있냐? 너는 완전 돈 먹는 하마야. 이제부터 네 건 네가 벌어서 사!"

뭐, 돈 먹는 하마? 나보고 벌어서 사라고? 누나나 나나 비슷한 입장

아닌가! 나는 어이가 없어서 바로 반격했다.

"누나는 누나 돈으로 사? 누나도 돈 버냐고? 누나도 살 게 있으면 엄마, 아빠한테 달라고 하잖아. 자기도 돈 못 벌면서!"

누나 얼굴이 빨개졌다. 내 말이 하나도 틀리지 않았다는 신호다. 누나는 약점이 잡히면 얼굴이 빨개진다. 그런데 이러면 더 나를 윽박지르고 말도 안 되는 막말을 한다.

"내가 너랑 같아? 나는 정말 꼭 필요한 것만 사! 근데 넌 필요하지도 않은 걸 사 달라고 하잖아! 보드게임 같은 게 꼭 필요하냐? 있어도 되고 없어도 되는 거지! 그런 건 아무짝에도 쓸모없어! 그러니까 네가 벌어서 사라고!"

"보드게임이 아무짝에도 쓸모없다고? 그건 누나 생각이지! 누나가 사는 화장품이 더 쓸모없거든! 그렇죠, 엄마!"

나는 이쯤에서 싸움을 끝내려고 엄마를 불렀다. 더 끌면 내가 질 게 뻔하기 때문이다. 엄마는 공평하게도 누나랑 나랑 싸우면 거의 내 편을 들어 준다. 엄마도 누나의 고약한 성깔에 내가 당한다는 걸 잘 알기 때문이다. 하지만 이번엔 내 편을 들지 않았다!

"유나 말에 일리가 있어. 우리 정우도 이제 돈 버는 게 얼마나 힘든지 알아야지."

첫째 날 : ☐×3 + ⚪×1 = 400원
둘째 날 : ✕
셋째 날 : ☐×2 = 200원
⋮
🧊 > ☐×100

나도 돈 벌 거야!

 다들 너무한다. 아빠는 화만 내고, 엄마는 약속을 안 지키고, 누나는 나를 나쁜 자식 취급한다. 이게 다 내가 돈을 못 벌어서 그렇다. 흥, 돈 벌라고 하면 내가 못 벌 줄 알아?
 '이참에 모두에게 똑똑히 보여 주겠어! 내 힘으로 돈 벌어서 사고 싶은 걸 마음껏 사는 모습을!'
 당찬 결심을 하고 사흘 동안 600원을 벌었다……. 처음으로 직접 돈을 번 거여서 기분이 나쁘진 않지만, 필요한 돈에 비해 너무 적으니까 의욕이 점점 줄어든다.
 "오늘 얼마 벌었어?"
 교문을 나서는데 수민이가 옆으로 쓰윽 다가와 물었다.

 누나한테 막말을 듣고 나서 바로 수민이한테 가서 어떻게 하면 돈을 벌 수 있는지 의논했다. 수민이는 어린이집부터 함께 다닌 베스트 프렌드다. 옆 동에 살고 있어서 자주 만난다.
 "물건을 팔면 되지!"
 수민이는 내 고민을 듣자마자 아이디어를 척 내놨다. 어떻게 이런 생각들이 바로바로 나는지 정말 신기하다. 수민이는 정말 머리가 잘 돌아간다. 이건 욕이 아니라 수민이 스스로 하는 말이다.
 "너 희귀템 카드 있지? 그거 한 장에 300원씩 팔고, 팔 게 있는지 다른 것도 찾아봐. 내가 만든 비즈 팔찌랑 비즈 목걸이도 줄게. 하나에

200원씩 팔면 돼. 나 진짜 머리 잘 돌아가지?"

그러나 우리의 계획은 수민이 머리만큼 잘 돌아가는 것 같지 않다. 첫날은 카드 세 장, 팔찌 한 개를 팔았고, 어제는 못 팔고, 오늘은 두 장 팔았다. 게다가 100원씩밖에 못 받았다. 친구들이 300원, 200원은 비싸다며 100원이면 산다고 했기 때문이다. 그래서 100원으로 내렸는데 이것도 비싸다고 안 사는 아이들이 생겼다.

"오늘은 이거."

나는 주머니에서 동전 두 개를 꺼내 수민이 눈앞에 소심하게 내밀었다. 수민이가 바로 실망스러운 표정을 지었다.

"에휴, 그렇게 벌어서 언제 돈 모으냐? 그거 사려면 2만 원도 넘게 필요한데. 그리고 너 새로 나온 큐브도 사고 싶다고 하지 않았어? 그것도 1만 원이 넘어."

수민이 말이 맞다. 매일 200원씩 벌어도 3만 원을 버는 데 150일이 걸린다. 한 달에 20일 정도 학교에 가니까 150일을 채우려면 일곱 달이 넘는다. 중간에 방학이 있으니까 여덟 달이 넘을 수도 있다. 애들이 안 사는 날도 있을 테니까…… 휴, 이러다가는 1년이 걸릴지도 모른다.

"그럼 어떻게 해? 비싸면 안 산다는데……."

"아무래도 다른 걸 하는 게 좋겠어. 돈을 왕창 벌 수 있는 거!"

수민이의 눈동자가 초롱초롱 빛났다. 나는 큰돈을 벌 수 있다는 말에 귀를 쫑긋거렸다.

"너, 프로게이머가 되는 건 어때?"

"뭐? 프로게이머?"

"응. 너, 게임 잘하잖아. 내가 어디서 봤는데 프로게이머가 되면 돈을 엄청 많이 번대. 1억도 넘게 말이야."

"헉, 정말이야?"

"그렇다니까. 학교도 다닐 필요 없어. 그냥 게임만 잘하면 돼."

세상에나! 프로게이머가 되면 '1억 원'을 벌 수 있다고? 그럼 지금 이런 카드나 팔고 있을 때가 아니잖아! 빨리 이 환상적인 계획을 엄마, 아빠한테 말해 다시 게임을 하게 해 달라고 해야지!

진로 양, 직업 군과 함께 하는 생각+더하기

Q 프로게이머가 되려면 어떻게 해야 하지?

생각+ 게임만 잘해서는 안 될걸.
프로게이머에게는 이런 적성이 필요해.
1. 뛰어난 집중력과 날카로운 분석력
2. 정교한 손동작과 빠른 신체 반응 능력
3. 새로운 게임, 컴퓨터, 장비 등에 대한 전반적인 지식

어때? 너랑 잘 맞는 것 같니?

돈보다 소중한 보물이 있어

"정우야, 돈이 필요하면 아빠한테 말해야지 왜 친구들한테 물건을 팔아?"

헉…… 어떻게 알았을까? 아빠 표정이 좋지 않다. 오늘 게임 금지를 풀어 달라고 말하려고 했는데, 이런 분위기면 게임의 '게' 자도 못 꺼낸다. 괜히 말을 꺼냈다가 야단만 맞을 수도 있다.

"담임 선생님이 엄마한테 전화하셨대. 정우야, 학교에서 돈 받고 물건 팔고 그러면 큰일 나."

몰랐다. 심장이 쿵쾅거리기 시작했다. 하지 말아야 할 걸 했으니 엄청나게 화를 낼 게 분명하다. 그러면 나의 원대한 계획은 완전히 물거품이 될지 모른다. 화가 나면 아무리 좋은 것도 좋게 보이지 않는 법이니까. 그런데 어찌된 일인지 화를 내기는커녕 예전의 친절했던 아빠처럼 조용히 물었다.

"엄마 말 들으니 보드게임 사려고 그랬던 것 같다는데 맞아?"

나는 쿵쾅거리는 심장을 달래며 겨우 고개를 끄덕였다.

"쯧쯧, 그렇다고 카드를 파냐? 겨우 생각한다는 게……. 네가 돈을 벌긴 뭘 벌어?"

누나가 옆에서 한심하다는 듯 이죽거렸다. 내 자존심이 박박 긁히는 소리가 들렸다. 이게 다 누구 때문인데! 나는 이글거리는 눈빛으로 누나를 쏘아봤다.

"누나가 그랬잖아! 이제부터 내가 쓸 돈은 내가 벌라고! 그리고 내가 왜 돈을 못 벌어? 누나보다 백배, 천배는 더 많이 벌 테니까 걱정 마!"
"무슨 수로? 하라는 공부는 안 하고 만날 게임만 하는데!"

"프로게이머가 될 거야!"

나도 모르게 홧김에 꿈을 말하고 말았다. 얼른 아빠 얼굴을 살폈다. 화가 난 걸까? 실망을 한 걸까? 아니면 놀란 걸까? 아빠는 어떤 마음인지 알 수 없는 표정이었다.

"뭐? 프로게이머? 그거 하면 누가 돈 많이 번대? 한두 사람이지! 게다가 너보다 게임 잘하는 사람 천지거든!"

"누나가 뭘 안다고!"

"둘 다 그만!"

아빠가 낮고 굵은 목소리로 싸움을 멈추었다. 그러고는 나한테로 얼굴을 돌려 물었다. 화가 난 얼굴은 아니었다.

"정우는 왜 프로게이머가 되고 싶은 거냐?"

"돈도 많이 벌고…… 또, 게임을 좋아하고 잘하니까요."

"그래, 그럼 그 일은 앞으로 차차 함께 고민해 보자. 좋아하고 잘하는 일을 하는 건 중요하니까. 그건 그렇고, 아빠가 너희를 부른 건 그동안 화낸 거 미안하다고 말하고 싶어서야. 회사에서 중요하게 추진했던 일이 잘 안 풀려서 스트레스를 많이 받았나 봐. 나도 모르게 그걸 너희에게 푼 것 같구나. 그래도 아빠는 너희가 있으니까 꾹 참고 잘 해결할 수 있었어."

"알아요. 우리 때문에 돈 벌어야 하니까 싫은데도 억지로 회사 다니시는 거잖아요."

누나가 약간 울먹이며 말했다. 뭐? 아빠가 회사를 억지로 다닌다고?

우리 때문에? 나는 이런 생각을 한 번도 해 본 적이 없다. 머리가 약간 어질어질하긴 한데, 아빠 회사 고민은 나한테 너무 어렵다. 나는 그냥 아빠가 회사를 절대로 절대로 그만두지 않았으면 좋겠다. 아빠가 이런 내 마음을 알아챘는지 빙그레 미소를 지었다.

"왜 억지로 다녀? 그렇지 않아. 회사를 그만두면 우리 식구가 어떻게 먹고살까 하는 걱정이 없는 건 아니야. 하지만 단지 돈을 벌기 위해 일을 하는 건 아니란다. 돈이 목적이면 다른 일을 할 수도 있지. 돈을 버는 방법은 많으니까. 아빠는 지금 하는 일을 좋아해. 그래서 더 잘하고 싶고 일이 잘되기를 바라는 마음 때문에 잘 안 되었을 때 짜증이 나는 거야. 일을 한다는 건 여러 가지 의미가 있어. 돈보다 더 소중한 보물이 있단다."

'돈보다 소중한 보물'이라고? 나는 아빠 말이 알쏭달쏭했다. 이건 나중에 물어봐야겠다. 지금은 나의 프로게이머 꿈을 아빠가 그리 싫어하는 것 같지 않아 마음이 놓인다. 학교에서 물건을 판 것도 용서해 줄 것 같다. 무엇보다 아빠가 괴물로 변신하는 걸 멈춰서 정말 다행이다.

일과 직업의 의미

일을 하는 이유는 여러 가지가 있어요!

우리는 사는 동안 늘 일을 해요. '일'의 원래 뜻은, 돈을 받든 안 받든 보수와 관계없이 '인간이 하는 모든 활동'이에요. 그러니까 회사에 다니거나 가게를 운영하고, 또 농사를 짓거나 하는 일 말고도 취미로 피아노를 치거나 다른 사람을 돕거나 여행을 가는 활동이 모두 일이지요. 일의 가장 큰 의미는 바로 인간이 자기 생명을 능동적으로 표현한다는 거예요. 그러면 삶의 행복을 느낀대요. 그래서 어떤 일을 하느냐가 중요해요.

그럼 직업은 뭘까요? 직업은 일 중에서 일정한 시간 동안 계속해서 수행하는 활동이에요. 그 대가로 보통 보수가 따르지요. 그러니까 자신의 재능과 능력과 개성을 발휘하여 어떤 역할을 수행하고 돈을 얻는 활동이 직업이에요.

하지만 정우 아빠는 직업을 갖고 일을 하는 이유가 꼭 돈을 벌기 위해서만은 아니라고 했어요. 그 안에는 돈뿐만 아니라 여러 가지 보물이 있대요. 어떤 보물들일까요?

첫 번째 보물은 ★**생계유지** 예요. 직업을 가지고 일을 하면 돈을 벌 수 있고, 그럼 원하는 것과 필요한 것을 살 수 있으니 먹고사는 문제를 해결할 수 있어요.

두 번째 보물은 ★**사회 기여** 예요. 우리 사회가 유지되고 발전하려면

각 구성원이 여러 가지 업무와 역할을 분담해서 수행해야 해요. 직업을 통해 우리는 사회에 기여할 수 있어요.

세 번째 보물은 *자아실현* 이에요. 말이 조금 어렵죠? 이건 우리가 꿈을 이룰 때 그 과정에서 기쁨과 보람을 느낀다는 거예요.

네 번째 보물은 *자기 계발* 이에요. 우리의 재능과 능력은 무궁무진해요. 직업을 통해 이를 더욱 발전시킬 수 있고, 새로운 재능을 찾아낼 수 있어요.

다섯 번째 보물은 *인간관계* 예요. 사람은 혼자 살 수 없어요. 우리는 직업을 통해 새로운 사람을 사귀고 우정을 더 깊이 쌓아 갈 수 있어요. 그럼 외롭지 않고, 협력해서 일하니까 결과도 더 좋아요.

일을 해서 얻은 보물 다섯 가지!

수민 이야기

2장 직업을 만들면 어때

오디션 볼래요!

"엄마, 저 오디션 볼래요."
"뭐?"
내 한마디에 엄마가 빨래를 개던 손을 멈추고 아주 황당한 얼굴로 나를 바라보았다.

"진심이에요. 오디션에 합격해서 가수가 될 거예요!"
"얘가 지금 뭔 소리래? 갑자기 웬 가수?"
"예전부터 가수가 되고 싶었어요."
사실 예전부터는 아니다. 아주 최근의 일이다. 정우가 요즘 프로게이머가 될 생각에 들떠 있는 모습을 보니 나도 무슨 일을 할지 정하는 게 좋겠다는 생각이 들었다. 이왕이면 프로게이머만큼 유명해지고 돈도 많이

"100점 만점"

"음악 천재, 신동이야!"

"우승 후보가 나타났다!"

버는 직업으로 말이다. 그러다 딱 아이돌 가수가 떠올랐다.

"하지만 넌 음치에다 몸치잖니!"
"그건 연습하면 돼요. 허락해 주세요!"
"아마 할머니가 안 된다고 하실걸."

엄마는 어깨를 으쓱하더니 다시 빨래를 개기 시작했다. 엄마는 허락해 주고 싶지 않으면 꼭 할머니 핑계를 댄다. 그럼 문제가 조금 복잡해진다. 우리 집에서 할머니 말을 거역하는 건 거의 불가능하기 때문이다. 우리 집안에서 가장 높은 어른인 할머니는 엄마의 엄마, 곧 나의 외할머니다.

할머니는 외할아버지가 일찍 돌아가셔서 혼자 떡볶이 장사를 하며 우리 엄마를 힘들게 키웠다. 그래서 엄마, 아빠는 늘 할머니는 고생을 많이 한 만큼 지혜롭기 때문에 할머니 말을 잘 들어야 한단다.

나도 그렇다고 생각하지만 내 인생은 내가 선택하고 싶다. 할머니는 나보고 무조건 선생님이 되라고만 한다. 이 일이 나랑 맞지 않는다고 아무리 말해도 소용없다. 선생님은 공부도 많이 해야 하고 시험 문제도 내야 하고 말 안 듣는 아이들도 가르쳐야 하는데, 나는 공부도 싫고 시험은 더 싫고 아이들이 말을 안 들으면 정말 폭발할 것 같다. 내가 이 말을 얼마나 여러 번 했는지 모른다.

"엄마, 나 진짜 선생님은 되고 싶지 않아요!"

내 직업은 직업발명가

"선생님이 얼마나 좋은데! 네가 선생님이 되는 게 할머니 꿈이잖니."
"그놈의 꿈!"
"뭐라고?"
"아, 아니에요. 그럼 제가 직접 할머니께 가수가 훨씬 좋은 직업이란 걸 말씀드리고 허락받을게요."

나는 한걸음에 분식집으로 달려갔다. 마침 손님이 없어서 바로 말을 꺼낼 수 있었다.

"할머니, 분식집 언제까지 하실 거예요? 힘들지 않으세요?"
"에구 우리 강아지, 이제 할미 걱정도 하고 다 컸네. 우리 수민이 시집보낼 때까지는 해야지. 하나뿐인 손녀인데 이 할미가 집이라도 하나 사 줘야지."
"할머니, 집은 제가 벌어서 살게요. 저 가수 되면 돈 엄청 많이 벌 테니까 실컷 먹고 저축도 하고 집도 살 수 있어요. 할머니 호강도 시켜드리고요!"
"뭐, 가수?"
"네, 가수요! 저 오디션 봐서 합격하면 가수가 될 수 있어요!"

할머니 눈이 동그래졌다. 나는 그 눈을 간절하게 쳐다보았다. 하지만 소용없었다. 할머니는 딱 잘라 말했다.

"말도 안 되는 소리!"

보이는 것과 보이지 않는 것

"어째서 말이 안 된다고 하시지? 요즘엔 선생님보다 가수가 더 인기 많은 직업인데."

"내 말이…… 에휴, 정말 짜증 나!"

"그럼 이따가 우리 삼촌 서울 오는데 같이 놀러 갈래? 기분도 풀 겸 말이야."

"생각해 보고."

이런 기분으로는 아무 데도 가고 싶지 않다. 왜 꼭 선생님이 되어야 한다는 걸까? 정말 이해할 수 없다. 정우는 프로게이머가 된다는 생각에 매일 들떠 있는데 나는 이게 뭐람!

하지만 집에 있기는 더 싫어 결국 정우와 정우 삼촌을 따라나섰다. 우리가 간 공원은 꼭 축제가 열린 것처럼 떠들썩했다. 나오길 잘했다.

"아, 날씨 좋다. 어? 저기 춤춘다! 가 보자!"

정우가 가리키는 곳으로 눈을 돌려 보니 대학생 정도 되어 보이는 언니들과 오빠들이 신나게 춤을 추고 있었다. 우리는 냉큼 그리로 달려갔다. TV에 나오는 아이돌 가수들처럼 정말 잘 췄다. 나는 한순간도 눈을 떼지 않고 몸짓 하나하나 감탄하며 보았다.

"이번엔 저기 노래 부르는 거 구경 가자!"

춤이 한 판 끝나자 정우가 주위를 두리번거리다 작은 무대 같은 데서 기타를 치며 노래 부르는 사람들 쪽을 가리켰다. 이번엔 그리로 달려갔다.

"노래 진짜 잘한다. 삼촌, 근데 저분들 가수는 아니지?"

"하하, 왜 그렇게 생각해?"

"TV에 안 나오잖아. 가수는 다 TV에 나오고 유명하니까."

정말 가수가 아닌 게 이상할 정도로 노래를 잘 불렀지만 나도 정우랑 생각이 같았다. 음악 프로그램을 한 번도 빠지지 않고 보는 내가 모르는 가수는 없다.

"너희, 눈에 보이는 것만 믿고 보이지 않는 건 아예 생각조차 안 하는구나?"

정우랑 나는 삼촌 말에 어리둥절해 서로 얼굴만 멀뚱멀뚱 쳐다보았다. 삼촌이 말을 이었다.

"TV에 나와서 노래 부르는 사람만 가수는 아니야. 그래서 요즘 아이들은 가수가 되면 무조건 다 유명해지고 돈을 많이 번다고 생각하나 보다."

순간 마음이 뜨끔했다. 꼭 내 얘기를 하는 것 같았기 때문이다.

"그럼 아니야?"

"그 일의 다른 면까지 볼 수 있어야지. 어떤 일을 하는 몇몇 사람들이 유명하고 돈을 잘 번다고 그 일을 하는 모두가 다 그런 건 아니야. 저기 노래 부르는 분들도 가수야. 거리의 가수!"

"아! 아빠가 그랬어! 꼭 돈을 벌기 위해서만 일을 하는 건 아니라고. 그럼 저분들은 돈 벌고 유명해지는 것보다 더 중요하게 생각하는 보물이 있는 거지?"

정우가 제법 어른스럽게 말했다.

"오! 정우, 대단한데! 저분들은 아마 자기가 좋아하는 음악을 하고 누군가 귀 기울여 들어 주는 것 자체로 행복할 거야. 그래서 유명해지지도 않고 돈도 많이 못 버는데도 계속 노래하고 춤추는 거겠지. 정말 음악을 좋아한다면 다른 건 별로 중요하지 않을 수 있어. 또, 꼭 가수가 아니더라도 할 수 있는 게 많아."

정우가 삼촌 말에 고개를 끄덕거렸다. 하지만 나는 머리가 복잡해졌다. 가난한 거리의 가수가 되어도 괜찮을 만큼 음악이나 노래를 좋아하는 건 아니기 때문이다.

"삼촌, 배고프다. 우리 저기 가서 와플 먹자."

정우가 오는 길에 점 찍어 놨다며 조그만 와플 가게로 우리를 끌고 갔다.

내 직업은 직업발명가 31

직업을 발명해도 괜찮아

"삼촌, 저 고민이 있어요."

아이스크림까지 얹은 달콤한 와플을 먹으니 기분이 좋아졌다. 마음이 편하니까 고민거리가 절로 나왔다.

"뭔데? 말해 봐."

"우리 할머니 있잖아요. 저보고 무조건 선생님이 되래요. 저는 그러기 싫거든요. 어떻게 해야 할지 모르겠어요."

"음…… 보통 나이 드신 분들은 안정된 직업이 최고라고 생각하셔. 교사나 공무원 같은 거 말이야. 그래야 가정도 꾸리고 편안하게 살 수 있다고 생각하니까. 정우, 너 기억나지?"

"뭐?"

"왜, 내가 재작년에 공무원 시험 준비 그만둔다고 했을 때 할머니, 할아버지 모두 결사반대하셨잖아."

아, 그 일이라면 나도 대충은 안다. 정우 삼촌은 5년 넘게 공무원 시험 준비를 했다. 이 말은 시험을 봤는데 5년 동안 단 한 번도 안 붙었다는 뜻이다. 재작년에 삼촌은 이제 자기가 하고 싶은 일을 하며 살 거라면서 서울 생활을 접고 정우 할아버지, 할머니가 사는 문경으로 내려갔다.

"히히. 맞아. 그때 완전 난리 났었는데. 삼촌이 시골로 간다니까 아빠도 엄청 화내고 그랬잖아. 시골에는 삼촌이 할 만한 일이 없다고. 근데

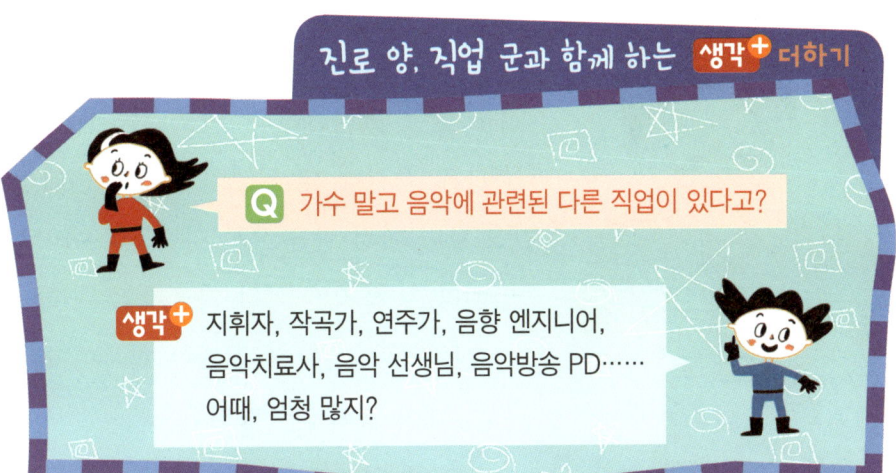

이제는 삼촌 직업 엄청 많잖아."

정우는 손가락을 펴고 삼촌의 직업을 하나하나 꼽기 시작했다.

"일단은 농부, 삽화가, 마을 청년회장, 인터넷 쇼핑몰 운영자, 그리고 또 뭐였더라…… 삼촌, 지난번에 직업 하나 새로 만들었다고 하지 않았어?"

"뭐? 직업을 만들어? 진짜예요?"

나는 처음 듣는 소리에 깜짝 놀라 정우 삼촌을 보았다. 직업을 만든다는 얘기는 살다 살다 처음 들어 보았기 때문이다.

"왜 그렇게 놀라? 이래 보여도 내가 우리 마을에서는 직업 발명꾼이야. 사실 직업이란 게 처음부터 정해져 있었던 게 아니라 세상이 변하면서 계속 만들어진 거거든. 없어지기도 하고 말이야. 그래서 나도 좀 만들었지, 뭐. 이 삼촌이 최근에 만든 직업은 '마을 디자이너'야!"

패션 디자이너, 헤어 디자이너, 가구 디자이너, 자동차 디자이너 등등은 들어 봤어도 마을 디자이너는 처음 들었다.

"처음 들어 봤지? 하하, 나도 처음엔 내가 최초로 생각해 낸 직업인 줄 알았는데, 알고 보니 이런 말을 쓰는 사람들이 이미 있더라고. 하지만 이걸 가르쳐 주는 학교는 없어. 이런 일을 하는 회사도 없고. 내가 알기로는 말이야."

"무슨 일을 하는 거예요?"

"그것도 내가 정하는 건데……. 나는 일단 우리 마을에 보존해야 할 것들을 좀 더 아름답게 보이도록 그 주변을 디자인해 볼 생각이야. 그다음엔 우리 마을에 필요한 게 뭔지 조사해서 청년회에서 함께 해 보려고. 이것도 마을을 아름답게 하는 디자이너의 일이지!"

"우아!"

나도 모르게 감탄이 흘러나왔다. 직업을 발명할 생각을 하다니…… 정우 삼촌은 천재가?

"그런 눈으로 쳐다보니까 쑥스럽다야. 뭐 그리 대단한 일은 아니야. 그냥 좋아하는 일, 잘할 수 있는 일을 찾아 하는 것뿐이야. 직업은 원래 하나뿐이다, 정해진 거다 이런 생각만 버리면 돼. 그 순간 새 직업의 문이 활짝 열리는 거지!"

심장이 쿵쾅거리기 시작했다. 할머니가 나한테 선생님이 되어야 한다고 말할 때마다 얼마나 답답했는지 모른다. 사실 가수가 되겠다고 한 것도 선생님이 되고 싶지 않았기 때문이다. 그냥 선생님이 아닌 직업을 막연하게 생각한 것일지도 모르겠다.

그런데 좋아하는 일, 잘할 수 있는 일을 하라는 말…… 이게 내가 정말 듣고 싶었던 말이다!

"근데 할머니께서 선생님이 되라고 그렇게 고집하신다면 뭔가 특별한 이유가 있을 것 같다."

헤어질 때 정우 삼촌이 잠깐 멈춰 서서 말했다.

"특별한 이유요?"

"응, 그걸 알면 할머니의 꿈을 포기시킬 수 있을지 몰라. 진짜 이유를 알면 해결 방법을 찾기가 더 쉽거든."

진짜 이유? 그런 게 있을 거라는 생각은 해 본 적이 없다. 만약 있다면 엄마가 알고 있을지도 모른다.

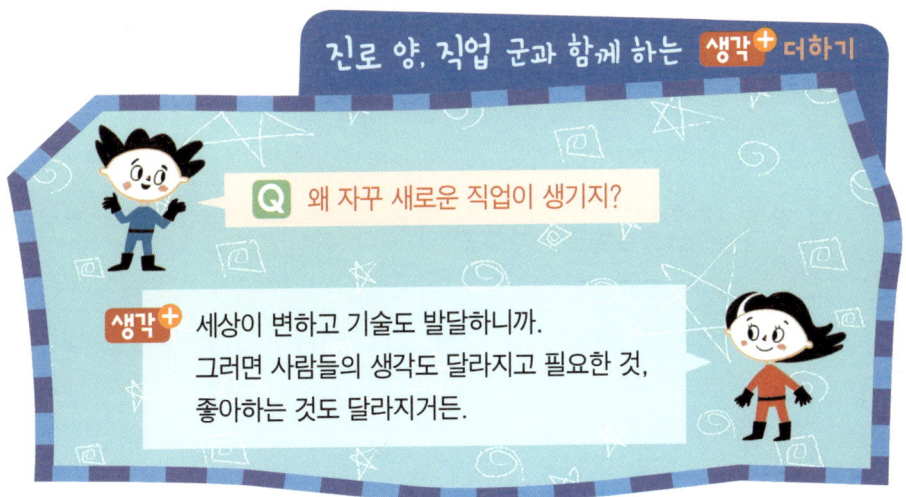

진로 양, 직업 군과 함께 하는 생각+더하기

Q 왜 자꾸 새로운 직업이 생기지?

생각+ 세상이 변하고 기술도 발달하니까. 그러면 사람들의 생각도 달라지고 필요한 것, 좋아하는 것도 달라지거든.

할머니의 소원을 이루는 방법

세상에나! 알고 보니 우리 할머니의 꿈이 선생님이었다!

"어렸을 때 할머니가 공부를 아주 잘했대. 그래서 나중에 선생님이 되고 싶었는데, 집이 가난해서 초등학교 졸업하고 바로 공장에서 일하느라 꿈을 못 이뤘지. 친구들이 학교에 가는 걸 볼 때마다 너무 부러워서 매일 울었대. 그래서 나중에 자식을 낳으면 꼭 선생님을 시키겠다고 다짐했는데…… 보다시피 실패했잖아. 이 엄마가 그리 공부를 잘하지 못했거든. 그러니 너라도 할머니 소원을 이뤄 드려야 하지 않겠니? 하나뿐인 손녀인데."

엄마가 내 손을 꼭 잡으며 말했다. 간절한 마음이 느껴졌다.

"할머니 꿈을 꼭 이뤄 드릴게요. 대신 제 방식대로예요."

엄마한테 이렇게 약속하고 이런저런 계획을 세워 보았다. 그러다 직업은 여러 개일 수도 있고, 만들 수도 있다는 정우 삼촌의 말이 떠올랐다. 그렇다면 할머니한테 또 다른 직업을 만들어 드리면 어떨까? 나는 정우에게 도움을 청하기로 했다.

"그럼 오늘 네 할머니가 우리한테 떡볶이 만드는 법을 가르쳐 주시는 거야?"

"응! 할머니의 비법 완전 기대되지? 그리고 내가 한 말 잊지 않았겠지?"

"당연하지!"

정우는 진지한 표정으로 주먹까지 불끈 쥐었다. 역시 내 베스트 프렌드다. 우리는 숨을 한 번 크게 내쉬고 파이팅을 외친 뒤 할머니의 분식 가게로 들어갔다.

"맛있는 떡볶이의 핵심은 고추장입니다!"

내 예상대로 할머니는 진짜 선생님 같았다. 우리한테 반말도 안 쓰고 꼬박꼬박 높임말을 썼다. 또, 만드는 과정을 하나하나 아주 자세히 가르쳐 주었다. 이게 바로 나의 계획이다. 할머니를 요리 선생님으로 만들어 주는 것!

"선생님!"

떡을 삶는 동안 갑자기 정우가 손을 번쩍 들었다. 정우는 내가 한 말을 잊지 않고 할머니를 '선생님'이라고 불렀다. 할머니는 그 말이 정말 마음에 드는 것 같았다.

"고추장은 고추로 만들죠? 근데 왜 달콤해요?"

"아, 그건 고추장을 만들 때 엿기름을 넣기 때문이에요. 엿기름이 음식에 들어가면 아주 달콤한 맛을 내죠."

"아아! 그래서 그렇구나."

그건 나도 몰랐던 거다. 희한하게도 설명하는 할머니 목소리가 귀에 쏙쏙 잘 들어왔다. 할머니의 잔소리는 귓등에서 바로 튕겨 나가는데 말이다.

"할머니, 아니, 선생님! 우리 계속 가르쳐 주시는 거죠?"

"그러면 정말 좋겠어요. 저는 요리가 이렇게 재미있는 줄 몰랐어요.

"제 친구도 데리고 올게요. 요리사가 꿈인 친구가 있거든요."

정우가 옆에서 두 손을 꼭 모아 간청하듯 말했다. 정우의 눈을 보니 진심인 것 같았다.

"음, 생각해 보겠습니다. 지금은 떡볶이 만드는 데 집중해 주세요."

할머니가 빙긋 웃었다. 정말 행복해 보였다. 나는 이때를 놓치지 않고 꿈 얘기를 꺼내 보기로 했다. 행복하면 마음도 너그러워지기 때문이다. 나는 할머니의 표정을 슬슬 살피며 조심스레 말했다.

"할머니, 전 할머니처럼 이렇게 잘 가르치지 못할 것 같아요."

할머니가 고추장을 풀던 손을 멈추었다. 할머니 입에서 무슨 말이 나올지 조마조마했다.

"에휴, 또 그 얘기냐? 정말 싫으냐?"

"네. 가르치는 일은 정말 하나도 안 행복할 것 같아요. 선생님은 할머니 꿈이잖아요. 저는 제 꿈을 꾸면 안 돼요?"

할머니가 나를 물끄러미 쳐다보았다. 나도 간절한 눈빛으로 할머니를 보았다. 정우도 하던 일을 멈추고 숨을 죽였다.

"흠…… 그럼 다시 생각해 보자. 누구나 행복한 일을 해야 하니까."

"야호! 그럼 아무리 생각해도 아니면 안 해도 되는 거죠?"

"정 그러면 어쩔 수 없지."

와우! 드디어 할머니가 내 꿈을 나에게 맡겼다. 하지만 할머니의 참견이 완전히 끝난 건 아니었다. 할머니는 국자를 들고 한 가지 조건을 달았다.

"하지만 가수는 절대 안 돼. 짧은 옷 입고 이상한 춤 추는 꼴은 절대 못 본다."

"그건 걱정 마세요! 가수 꿈은 벌써 버렸어요. 선생님만 아니면 내가 행복한 일을 많이 찾을 수 있을 거예요! 진짜진짜 내 꿈이니까요!"

나는 기뻐서 입이 다물어지지 않았다. 정우가 이런 나를 보며 눈을 찡긋했다. 역시 우리 할머니는 나를 최고로 사랑하고 최고로 현명하다!

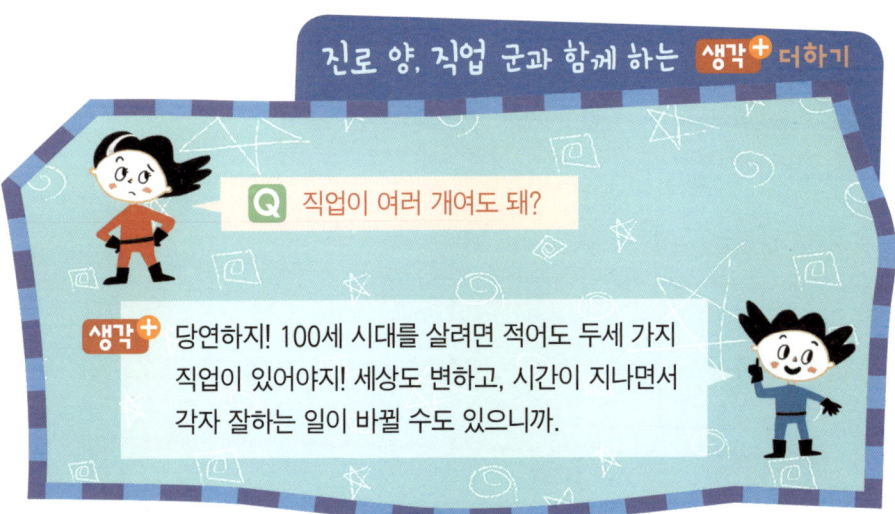

진로 양, 직업 군과 함께 하는 생각+ 더하기

Q 직업이 여러 개여도 돼?

생각+ 당연하지! 100세 시대를 살려면 적어도 두세 가지 직업이 있어야지! 세상도 변하고, 시간이 지나면서 각자 잘하는 일이 바뀔 수도 있으니까.

직업의 변화

앞으로 어떤 직업이 인기를 끌까요?

정우 삼촌의 말처럼 직업은 마치 살아 있는 생명처럼 계속 변해요. 사라지기도 하고 새로 생기기도 하고 일의 내용이 달라지기도 하지요. 그 이유는 세상이 변하기 때문이에요. 기술이 발달하고 생활이 편리해지면서 사람들의 생각도 달라지고 살아가는 방법도 달라져요. 그럼 그에 따라 필요한 것, 원하는 것들도 변하지요.

● 이런 직업, 왜 사라졌나요?

① 물장수 : 예전에는 수도가 없었어요. 그래서 물장수가 물동이를 지고 다니며 먹을 물을 팔았지요. 집집마다 수도가 연결된 후 물장수가 사라졌어요.

② 얼음장수 : 얼음을 얼려 팔던 사람이에요. 집집마다 냉장고가 생기면서 가정집에 얼음을 파는 사람은 사라졌어요.

③ 굴뚝 청소원 : 아파트와 굴뚝이 없는 주택들이 지어지면서 굴뚝 청소원 직업이 사라졌어요.

④ 전화 교환원 : 전화를 걸면 상대방과 이어 주는 역할을 했던 사람이에요. 지금은 기술이 발달해 전화 교환원을 거치지 않고 바로 통화할 수 있지요.

⑤ 타자원 : 타자로 문서를 대신 쳐 주던 사람이에요. 컴퓨터가 발달하여 문서를 쉽게 작성할 수 있게 되면서 사라졌어요.

⑥ **버스안내원** : 승객이 탈 때 버스 요금을 걷는 사람이에요. 요즘엔 요금통에 직접 돈을 내거나 카드로 계산하지요.

⑦ **인력거꾼** : 사람을 태워 직접 나르던 사람이에요. 버스, 전철, 택시 등 대중교통 수단이 늘고, 80년대 이후 자동차가 널리 보급되면서 인력거를 찾는 사람이 줄었지요.

굴뚝이 없어지고
우린 둘다 백수

● 미래 사회에는 어떤 분야의 직업이 인기를 끌까요?

① 환경 관련 분야 : 환경 문제가 점점 심각해지고 있어서 환경 관련 일이 중요해질 거예요.
⋯▶ 자원 재활용 전문가, 가정 에너지 절약 상담가, 오염 정화 전문가 등.

② 사회 복지 분야 : *저출산, *고령화가 점점 더 심화되고 스트레스를 받는 사람도 많아져 사회 복지 관련 일이 늘어날 거예요.
⋯▶ 주변 환경 정리 전문가, 음악 치료사, 다툼 해결사, 노후 생활 설계사 등.

③ 우주 항공 분야 : 우주에 대한 관심이 커져 우주 개발과 관련한 일들이 주목받을 거예요.
⋯▶ 우주 직업 상담가, 화성 이주 설계사, 동면 여행 전문가 등.

④ 국제 업무 분야 : 세계가 좁아지고 교류도 활발해져 국제 업무 분야가 중요해질 거예요.
⋯▶ 국제 기구 주재원, 국제 회의 기획자, 외국 정부 한국 전문가 등.

⑤ 정보 기술 관련 분야 : 컴퓨터 기술이 더 발달하면서 정보 관련 일자리가 더 늘어날 거예요.
⋯▶ 데이터 마이너, 사이버 인상 관리 전문가, 디지털 흔적 청소원 등.

(*저출산: 출생률이 떨어지는 현상./ *고령화: 노년 인구가 늘어나는 현상.)

정우 이야기

3장 누나의 비밀, 꿈 노트

누나가 달라졌어!

"요즘 누나가 이상해."

"유나 언니가?"

"응."

이번엔 누나다. 아빠가 괴물로 변신할 뻔한 것처럼 누나가 달라졌다. 누나는 아빠랑 반대로 화내고 짜증 부리고 잔소리를 하는 게 정상인데, 갑자기 부드럽고 친절해졌다.

"그럼 잘된 거 아냐? 별게 다 이상하네."

"나는 진짜 심각하다고!"

"아, 알겠어. 음, 어느 책에서 읽었는데 사람이 갑자기 변하면 둘 중 하나래."

"뭔데?"

"사랑에 빠졌거나…… 큰 병에 걸렸거나!"

"뭐?"

"사랑에 빠지면 기분이 좋으니까 누구에게든 잘해 주고, 불치병에 걸리면 곧 죽으니까 그동안 못되게 군 게 미안해 친절해지는 거지."

듣고 보니 정말 그럴듯했다. 누나는 행동만 변한 게 아니라 아예 마음이 변한 것 같기 때문이다. 얼굴 표정을 보면 다 안다. 억지로 친절한 척하는 게 아니라 정말 착해졌다.

"근데 어떻게 달라졌다는 거야?"

크게 달라진 건 심부름이다. 그동안 엄마가 심부름을 시키면 무조건 내가 했다. 엄마는 공평하게 하려고 가끔 누나한테도 시키는데 그때마

다 누나는 딸이어서 부려먹는다며 난리를 쳤다. 그럼 그 심부름은 내가 하게 되었다. 그다음은 먹는 거다. 예를 들어 누나가 좋아하는 딸기 같은 걸 먹을 때면 나한테는 코딱지만큼만 주고 누나 혼자 거의 다 먹었다. 내가 불평하면 돼지 같다고 욕했다. 이랬던 누나가 요즘엔 엄마가 나한테 시킨 심부름도 자기가 하고, 자기가 좋아하는 음식도 욕심부리지 않고 양보한다.

"게다가 뭐까지 하는 줄 알아?"

"뭔데?"

"우리 할아버지 지난주에 병원에서 퇴원하셨거든. 관절 수술해서 이제부터 걷기 운동을 꾸준히 해야 하는데, 주말마다 누나가 공원에 모시고 가. 너 알지? 우리 누나 주말엔 만날 공부한답시고 손가락 하나 까딱하지 않잖아."

"정말? 우아, 진짜 착해졌네. 근데 할아버지 운동까지 돕는 걸 보면……. 음, 아무래도 불치병 쪽인 것 같은데……. 나는 이제 죽을 목숨이니 할아버지라도 오래 사시게 해야겠다. 뭐 이런 생각으로 그러는 게 아닐까?"

"뭐? 말도 안 돼!"

나는 믿을 수 없었다. 우리 누나가 불치병이라니! 정말 말도 안 된다. 하지만 남자 친구가 생겼다는 건 더 말도 안 된다. 우리 누나를 좋아할 남자가 이 세상에 있을 리가 절대 없기 때문이다. 나는 심장이 '쿵' 내려앉는 것 같았다.

할아버지의 무릎

"오늘은 제가 할아버지 운동 모시고 갈게요."

일요일 오후, 할아버지가 누나를 부르자 나는 얼른 지팡이를 찾아 들고 신발을 신었다.

"뭐 하냐?"

누나가 서둘러 방에서 나오며 현관에 서 있는 나를 의심의 눈초리로 노려보았다.

"허허, 오늘은 우리 정우가 할배랑 가고 싶은 갑네. 유나가 양보하그라."

"그래. 누나는 좀 쉬어. 이제부턴 내가 다 할게."

"뭘 다 해? 언제는 자기만 부려먹는다고 입을 이따만큼 내밀고서는 툴툴대더니 할아버지한테 용돈 받으려고 그러냐?"

"날 뭘로 보고! 나는 누나를…… 아니야, 됐어!"

나는 누나를 진심으로 돕고 싶어서 그러는 거라고 말하고 싶었지만 그만두었다. 아직 엄마, 아빠도 모르는데 누나의 불치병에 대해 내가 눈치챘다는 걸 알면 크게 당황할 것 같았다.

"할아버지, 그럼 오늘은 정우랑 다녀오세요. 다음 주엔 제가 모시고 갈게요. 할아버지 무릎 제가 꼭 건강하게 해 드릴게요."

'누나 건강이나 신경 써! 할아버지는 내가 챙길게!'

나는 마음속으로 이렇게 외쳤다.

하지만 수민이가 말한 대로 누나 마음이 조금 이해되기도 했다. 자기는 이제 건강해질 수 없으니까 할아버지의 건강이라도 지켜 주고 싶은 마음 말이다.

나는 할아버지를 모시고 공원으로 향했다. 그런데 가다 보니 나도 모르게 혼자서 성큼성큼 걷고 있었다. 그것도 할아버지의 지팡이를 들고서 말이다.

"정우야, 정우야! 니만 가면 우짜노?"

"앗, 죄송해요."

그제야 나는 얼른 뒤로 돌아 할아버지에게 달려갔다. 할아버지는 나를 쫓아오다 숨이 찼는지 뛰어온 나보다 더 크게 숨을 몰아쉬었다. 정말 죄송했다.

"휴, 정우야, 니 기억나나? 니 유치원 다닐 때 이 할배랑 이 길 많이 걸어다녔제."

"당연히 기억나죠! 할아버지가 저 매일 딱지 사 주셨잖아요! 그때가 좋았는데."

할아버지랑 이렇게 나란히 걸으니 정말 옛날 생각이 났다. 다섯 살 때 엄마가 갑자기 회사에 다니게 되어 나를 돌봐 줄 사람이 없자 한동안 할아버지와 할머니가 우리 집에 와서 같이 살았다. 나는 할아버지가 더 좋아서 유치원 끝날 때 꼭 할아버지한테 오라고 했다. 그럼 할아버지는 문방구를 지날 때마다 들러서 딱지나 스티커, 새로 나온 장난감들을 날마다 하나씩 사 주었다. 또, 공원에 들러서 축구도 하고 달리기도 했다. 그때는 무릎이 멀쩡했는데…….

'이번에도 수술이 잘못됐으면 어떡하지?'

나는 갑자기 할아버지 무릎이 진짜로 걱정이 됐다. 누나랑 상관없이 말이다. 오히려 누나 소원을 들어준다고 할아버지랑 운동을 나온 게 죄송했다. 누나만큼 나한테 할아버지도 소중한데 말이다.

아빠 말로는 할아버지가 나이도 많은데 수술을 두 번이나 받느라 몸이 더 많이 늙어 버렸다고 했다. 정말 내가 봐도 할아버지 얼굴에 주름이 열 개는 더 생긴 것 같다.

"할아버지, 이제 제가 매일 운동 모시고 다닐게요. 그럼 금방 나을 거예요."

"우리 유나랑 정우랑 우짠 일이고? 할배 걱정을 이래 많이 할 줄은 몰랐네."

"할아버지 무릎 다 나으면 우리 옛날처럼 축구도 하고 달리기 시합도 해요."

"허허. 그러자. 죽기 전에 그런 날이 한 번은 안 오것나?"

"당연히 오죠! 왜냐하면 제가 꼭 낫게 만들어 드릴 거니까요! 약속해요!"

나는 할아버지랑 새끼손가락을 걸고 맹세했다. 할아버지 무릎을 꼭 낫게 해 드릴 거다. 튼튼한 축구 선수 무릎처럼 아주 건강하게!

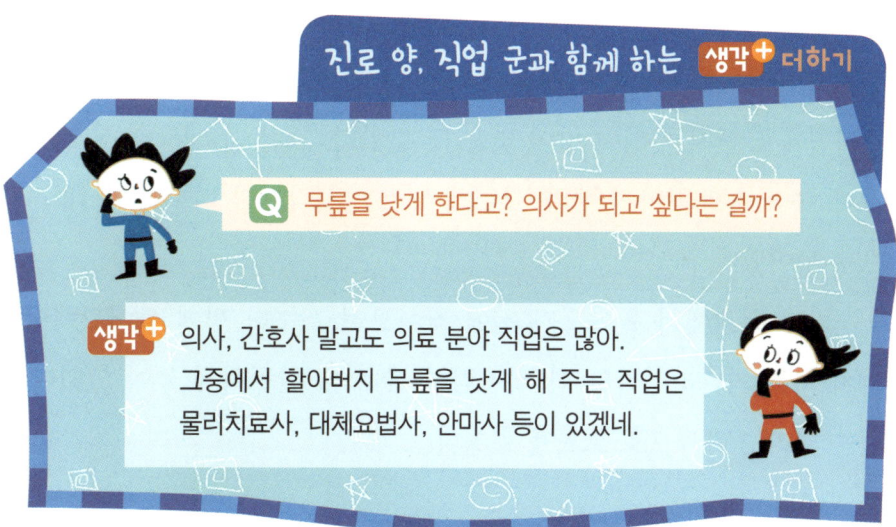

진로 양, 직업 군과 함께 하는 생각+더하기

Q 무릎을 낫게 한다고? 의사가 되고 싶다는 걸까?

생각+ 의사, 간호사 말고도 의료 분야 직업은 많아. 그중에서 할아버지 무릎을 낫게 해 주는 직업은 물리치료사, 대체요법사, 안마사 등이 있겠네.

누나의 비밀 노트

할아버지 운동을 매일 도와 드리고 누나 대신 모든 심부름을 하는데도 좋아지는 게 하나도 없다. 할아버지의 무릎도 그대로고, 누나의 불치병은 더 심각해지는 것 같다.

"유나 언니가 어떤 행동을 하는지 잘 봐야 해. 특별한 점이 있으면 죽음이 가까이 왔다는 신호야."

지난번 태권도장에서 수민이가 한 말이 마음에 걸린다. 누나 행동이 점점 더 이상해지고 있기 때문이다. 누나는 자꾸 혼자 있으려고 하고 시도 때도 없이 노트에 뭘 비밀스럽게 적는다.

"비밀 노트라고?"

"응. 내가 들어가면 뭘 쓰다가 후다닥 숨겨."

"음, 뭘까? 혹시 소원 노트 아냐? 어떤 영화에서 봤는데 사람은 죽기 전에 해야 할 것들을 쭉 적어서 하나씩 다 해 보려고 한대."

이번에도 왠지 수민이 말이 맞을 것 같았다. 그럼 더 생각해 볼 것도 없이 그 노트를 찾아야 했다. 그런데 노트는 생각보다 너무 쉽게 내 손으로 들어왔다.

누나가 학교에서 돌아오기 전에 찾아보려고 누나 방에 들어갔더니 마치 나를 기다리기라도 한 것처럼 책상 위에 반듯하게 놓여 있었다. 나는 떨리는 마음으로 노트를 펼쳤다.

20xx년 △월 15일

꿈을 꾸는 사람은 그 꿈을 닮아 간다.
내 꿈은 의사다. 일곱 살 때 이상한 폐렴에 걸려 거의 죽을 뻔했는데
한 의사 선생님이 열심히 치료해 주어서 살았다.
그 의사 선생님은 내가 퇴원을 하고 나서도 건강하게 지내는지
전화도 해 주시고 편지도 보내 주셨다.
그래서 나도 그 선생님처럼 환자를 진심으로 돌보는 의사가
되겠다고 다짐했었다.

하지만 지금 나는
　　내 꿈을 닮아 가고 있을까?

🔹 20xx년 △월 16일

　할아버지께서 걷기 운동을 하러 공원에 가신다고 해서 모시고 갔다 왔다. 좋은 의사가 되기로 마음을 먹으니 제일 먼저 할아버지의 무릎이 눈에 들어왔다. 그랬더니 놀랍게도 진심으로 할아버지 무릎이 낫기를 바라는 마음이 생겼다. 그러니까 행동이 저절로 달라졌다. 할아버지가 공원에 간다고 하시니까 내 몸도 따라서 움직이는 것이다. 꿈을 닮는다는 건 정말 신기한 일인 것 같다.

"이게 뭐야? 꿈을 닮는다고……? 이건 그냥 일기잖아!"
　그러니까 누나가 달라진 이유는 불치병도 아니고 사랑 때문도 아니었다. 꿈 때문이었다! 누나 말로는 그 꿈을 닮아 가려고 해서 그렇게 변한 거라는 거다. 무슨 말인지는 모르겠다.
　어찌되었든 모든 진실이 밝혀진 지금, 갑자기 누나 대신 심부름을 한 일들이 영화처럼 펼쳐지면서 괜히 속았다는 기분이 들었다. 할아버지를 도와드린 건 빼고 말이다. 이건 처음엔 누나를 위한 거였지만 지금은 아니니까.
　갑자기 방문이 활짝 열리며 노트의 주인이 들이닥쳤다!
　"야, 공정우!"
　나는 후다닥 등 뒤로 노트를 숨겼다. 하지만 누나는 벌써 내가 뭘 읽고 있었는지 알아채고는 내 등 뒤로 손을 뻗어 노트를 획 빼앗았다.

꿈을 닮는다는 것

옛날의 누나 같으면 분명 가까이 있는 물건을 모두 집어던지며 욕을 했을 것이다. 누나가 제일 싫어하는 걸 내가 했기 때문이다. 허락도 없이 누나 물건을 만진 일 말이다. 게다가 그게 일기였으니…… 누나 성격에 가만둘 리 없다. 하지만 누나는 나를 노려보기만 할 뿐 욕도 하지 않고 때리지도 않았다.

"내 허락 없이 내 물건에 손대면 나한테 맞아 죽는 거 알면서 뭐 하는 짓이야?"

누나가 냉정하게 말했다. 그러니까 더 무서웠다. 폭발하기 전 화산처럼 말이다.

"내, 내 말 좀 들어 봐."

"말해."

"나, 나는 누, 누나가 불치병에 걸린 줄 알고……."

나는 누나를 위해 어쩔 수 없이 일기를 훔쳐볼 수밖에 없었다는 걸 정말 최대한 진실하게 얘기했다. 누나는 조용히 내 말을 들었다. 놀랍게도 중간에 끼어들어 핀잔을 주지도 않았다. 내 말이 다 끝나자 잠시 무언가를 생각하는 듯하더니 이렇게 말했다.

"너도 이제 좀 진지하게 생각해 보는 게 어떠냐?"

"뭐얼?"

나는 심장이 콩알만 해진 채로 누나 눈치를 살피며 조심히 물었다.

하나라도 누나 마음에 들지 않는 대답을 했다가는 어떤 물건이 날아올지 모르기 때문이다. 다행히 그런 일은 일어나지 않았다. 하지만 누나의 다음 말이 도리어 나를 화나게 했다.

"꿈에 대해서 말이야. 나는 네가 좀 더 큰 꿈을 꾸면 좋겠어."

큰 꿈을 꾸라고? 이 말은 내 꿈이 작다는 뜻 아닌가? 누나가 지금 내 프로게이머 꿈을 우습게 보고 있다! 내가 잘못을 하긴 했지만 이렇게 꿈까지 무시하는 건 정말 누나라도 용서할 수 없다! 나는 누나가 진짜로 불치병에 걸렸을까 봐 얼마나 걱정하고 조마조마했는데, 누나는 기껏 나한테 한다는 소리가 뭐? 내 꿈이 어떻다고?

"프로게이머도 큰 꿈이야!"

"그게 작다는 게 아니라, 음, 뭐랄까…… 좀 더 세상을 위하는 꿈을 꾸란 말이야."

"프로게이머도 세상을 위해. 누나가 몰라서 그러는데 게임 좋아하는 사람들의 영웅이라고!"

"에휴, 됐다. 내가 널 데리고 무슨 말을 하겠니?"

"왜 나를 무시해? 내가 꼭 프로게이머가 돼서 얼마나 그게 위대한 직업인지 누나한테 똑똑히 보여 줄 거야!"

"이 녀석이 사람 잡네. 내가 언제 널 무시했냐? 프로게이머가 되지 말라는 말이 아니야! 너 자신과 이 세상을 어떻게 행복하게 만들고 싶은지 생각해 보라는 거지! 그게 꿈이니까!"

그게 꿈이라고? 나는 순간 할 말을 잃었다. 잠시 멈칫거리는 사이 누나의 말이 속사포처럼 이어졌다.

"너 혼자 돈 많이 벌고 유명해지고 싶다는 꿈은 뭐가 되든 작은 꿈이야. 네가 대통령이 된다고 해도 말이야. 자기만을 위한 거니까. 내 가족과 이웃과 세계를 위해 어떻게 하고 싶다는 꿈이 큰 꿈이지! 이제 알아듣겠냐? 꿈을 크게 가져야 그 꿈을 닮아 너도 정말 큰 사람이 되는 거라고!"

큰 사람이 된다고? 나는 그런 생각을 해 본 적이 없다. 내 꿈이 큰지 작은지도 생각해 본 적이 없다. 누나가 잠시 숨을 가다듬더니 갑자기 할아버지 얘기를 꺼냈다.

"너도 할아버지 무릎이 낫기를 바라지?"

"응."

"좋아. 알아듣기 쉽게 얘기해 줄게. 할아버지 무릎이 건강해지는 게 지금 너의 소원이잖아. 그걸 키워 봐. 그럼 어떻게 되겠냐?"

"할아버지 같은 분들이 다 건강해지겠지?"

"바로 그거야, 이 바보야! 그렇게 일단은 꿈을 키우라고! 그럼 네가 그걸 이루기 위해 무엇을 하고 어떻게 살아야 하는지 알게 돼. 그게 바로 꿈을 닮아 가는 거야! 네가 할아버지를 진심으로 돕는 것도 그런 거지. 당장 직업을 정하라는 게 아니라고! 이제 알아듣겠냐? 자! 이거 줄 테니 너도 써, 무조건!"

누나는 책장에서 새 노트를 하나 꺼내 겉표지에 '공정우의 꿈 노트'라고 큼지막하게 적은 뒤 내 품에 척 안겼다. 그러고는 그만 나가라고 손을 휘휘 저었다. 나는 노트를 받아 들고 방을 나왔다.

  커다란 꿈…… 그 꿈을 닮아 가는 것…….

  왠지 모르게 얼굴이 붉어졌다. 여전히 화가 나서 그런 건지 부끄러워서 그런 건지 잘 모르겠다. 한 가지 확실한 건 누나 방에만 들어갔다 나오면 커다란 혹 하나를 붙이고 나온 느낌이 든다는 거다. 하지만 이번에 붙이고 나온 혹은 기분이 나쁘지 않다. 나는 누나가 준 꿈 노트를 물끄러미 들여다보았다.

꿈꾸는 습관 기르기

큰 꿈을 이루고 싶어요?

이 세상에 꿈을 이룬 사람이 얼마나 될까요? 어른들은 어린이들을 꿈나무라고 말해요. 어린이들은 정말 꿈을 많이 꾸니까요. 자주 바뀌기도 하고요.

하지만 어른이 되어 어렸을 때 꾸었던 꿈을 이룬 이들은 그리 많지 않아요. 자라면서 꿈을 포기하기도 하고 잊어버리기도 하기 때문이지요.

게다가 요즘엔 꿈을 꾸지 않는 어린이들도 많대요. 아니면 부모님이나 선생님이 강요하는 꿈, 남들에게 보이기 위한 꿈만 꾼대요. 그러다 보니 여러 어린이들의 꿈이 비슷해지기도 한대요.

그렇다면 남들이 꾸지 않는 꿈이 크고 좋은 꿈일까요? 좋은 꿈은 바로 '나의 꿈'이에요. 중요한 것은 꿈을 꾸는 이는 '나'이고, 꿈을 이루는 이도 '나'라는 거예요. 이 사실을 잊지 말아야 해요.

다음 페이지에 나오는 아홉 가지 꿈 습관을 지켜 큰 꿈을 꾸고 그 꿈을 꼭 이루는 사람이 되길 바랍니다.

꿈을 이루는 9가지 습관

1. 다양한 분야의 책 읽기

책 속에 길이 있다는 말이 있어요.
다양한 책을 읽으면 많은 꿈을 만날 수 있어요.

2. 여러가지 경험하기

체험과 여행은 꿈을 생생하게 만들어 줘요.
내 능력을 깨닫게 하고 키워 주지요.

3. 잘 먹고 운동하기

건강을 잃으면 아무것도 할 수 없어요.
몸이 튼튼해야 많은 꿈을 이룰 수 있지요.

4. 포기하지 않기

잘 안 된다고 포기하면 안 돼요.
지금 당장 이루어지지 않아도 끈기 있게 노력하면 조금씩 꿈에
가까워져요. 꼭 이루어진다고 믿고 도전을 멈추지 말아야 해요.

5. 스트레스 다스리기

꿈을 이루려면 마음의 여유를 갖는 게 중요해요.
나만의 스트레스 해소법을 만들어 보세요.

6. 사람들과 좋은 관계 맺기

혼자서 꿈을 이루기는 힘들어요. 더불어 사는 사회니까요.
생각과 재능을 주변 사람들과 주고받으며 더 큰 꿈을 이루어 봐요.

7. 열심히 공부하기

꿈은 마법이 아니에요.
현실에서 부지런히 배우고 익혀야 실현이 되지요.

8. 예술적인 취미 생활하기

예술은 상상력과 창의력을 기르고 감성을 풍부하게 만들어 줍니다.
공연이나 전시회를 관람하거나 직접 그림을 그리거나
악기 연주를 해 보세요.

9. 꿈을 기록하자

가장 중요해요. 하고 싶은 일, 그걸 이루기 위해 해야
하는 일, 지금 할 수 있는 일이 무엇인지 기록해요.
이렇게 기록해야 꿈에서 멀어지지 않고 더욱 노력할 수 있어요.

수민 이야기

4장 나에게 딱 맞는 일

직업 찾아 주는 여자

요즘 학교에 가면 무지 바쁘다. 수업 시간 말고 쉬는 시간에 말이다. 친구들이 자꾸 내 자리로 와서 자기가 무슨 일을 하면 좋을지 물어본다.

"수민아, 나는 어떤 일을 하면 잘할 것 같아?"

새침떼기 다연이가 와서 물었다.

"음, 너는 논리에 맞게 말을 잘하니까 판사 같은 걸 하면 잘할 것 같아."

"히히, 진짜?"

"나는, 나는?"

수리 수리 마수리 보인다 보인다 너의 직업이 수리 수리 마수리 보인다 보여

뒤에 앉은 예진이가 내 옷을 살짝 잡아끌었다. 나는 뒤로 돌아 예진이를 보았다. 예진이는 상냥하게 잘 웃고 꼼꼼하다. 이런 예진이에게 딱 맞는 직업이 있다.

"음, 너는 딱 은행원이지."

"왜?"

"은행원은 손님을 친절하게 맞아 주고 돈 계산을 꼼꼼하게 잘해야 하잖아."

"맞아, 맞아. 예진이는 은행에서 일하면 손님들이 정말 좋아할 것 같아."

내 주위로 몰려든 친구들이 모두 맞장구를 쳐 주었다. 나도 모르게 어깨를 으쓱거렸다.

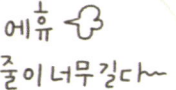

정우가 방과 후 영어 수업을 할 때 우리 반 친구들에게 내 얘기를 한 후로 이렇게 되었다. 내가 정우한테 어울리는 직업도 찾아 주고 우리 할머니한테는 새 직업도 만들어 주었다는 얘기 말이다.

이 두 가지밖에 안 했는데 정우는 마치 내가 직업 족집게라도 되는 것처럼 흥분하며 아이들한테 말한 것이다.

"뭘 해야 할지 잘 모르겠으면 수민이한테 물어봐. 진짜 족집게라니까! 자기한테 맞는 직업을 딱딱 찾아 줘."

이 일 이후로 나는 '직업 찾아 주는 여자'가 되어 버렸다. 친구들이 쉬는 시간이면 나에게 와서 어울리는 직업이 무엇인지 묻기 시작한 거다. 처음에는 하루에 한두 명이었는데 사회 시간에 직업에 대해 배운 뒤로는 대여섯 명이 몰려온다.

"야! 네가 무슨 예언가라도 되냐? 사기 치지 마!"

다연이, 예진이와 한참 얘기하고 있는데 빈정대는 목소리가 등 뒤에서 날아왔다. 나한테 이렇게 말할 인간은 우리 반, 아니 우리 학교를 통틀어 한 명밖에 없다. 주강현이다.

이 녀석은 꼭 내가 무슨 일을 하기만 하면 방해하고 딴죽을 건다. 내가 어쩌다가 이런 녀석과 또 한 반이 되어 고생을 하는지 모르겠다.

주강현과 나의 악연은 1학년으로 거슬러 올라간다. 운동회 때 나랑 짝이 되어 꼭두각시 춤을 추는데, 아무리 연습을 해도 너무 못 추는 거다. 그래서 매번 나까지 선생님한테 혼나고 남아서 연습하기도 했다.

나는 몸을 휙 돌려 눈에 힘을 빡 주고 주강현을 째려보았다. 그리고 한마디 했다.

"그래, 예언가다! 어쩔래? 근데 어떡하냐? 주강현 네 미래는 하나도 안 보이는데!"

주강현의 얼굴이 순식간에 붉어졌다. 나는 한 방 먹인 것 같아 괜히 고소했다. 하지만 주강현도 지지 않고 되받아쳤다.

"네 미래는 보이냐? 너는 뭘 해야 하는지 아냐고? 자기 것도 모르면서 다른 사람한테 이거다 저거다 하니까 사기지!"

"뭐라고?"

나는 당장 주강현의 말을 반박하고 욕을 퍼부어 주고 싶었다. 하지만 그럴 수 없었다. 내가 뭘 해야 하는지 모른다는 그 말은 사실이기 때문이다.

냉면집을 차린 판사 아저씨

"사람 일 어떻게 될지 진짜 몰라."

저녁을 먹는데 아빠가 흥미로운 일이라도 있는지 눈빛을 반짝거리며 말했다. 하지만 난 주강현 때문에 머리가 지끈거려 별로 듣고 싶지 않았다.

"무슨 일 있어요?"

엄마가 물었다. 아빠가 묵묵히 밥만 먹는 나를 한번 슬쩍 보고는 엄마를 보며 말했다.

"내 친구 용가리 기억나요?"

"아, 그 시험만 보면 만날 공부 1등 했다던 용수 씨요?"

"응. 그 녀석이 공부 잘하더니 법대 들어가서 사법고시 합격하고 판사 됐잖아요."

"그렇죠. 바빠서 당신 동창회 모임에도 잘 안 나온다면서요?"

"글쎄, 그 녀석이 어제 모임에 나왔더라고. 근데 지금 뭐 하는 줄 알아요?"

"뭐 하는데요?"

"지난달에 냉면집을 개업했대요."

뭐? 판사를 그만두고 냉면집을? 어느새 아빠 이야기에 빠져든 나는 그 순간 궁금함을 참지 못하고 질문을 했다.

"왜요? 판사가 더 좋은 거 아니에요?"

아빠가 날 보며 빙그레 웃었다.

"뭐 보통은 그렇게 생각하지. 하지만 어느 쪽이 더 좋다 안 좋다 할 수 없어. 막상 일을 하고 보면 자기가 원하고 좋아하는 일이 좋은 거거든."

"그럼 그 아저씨는 좋아하고 하고 싶은 일이 냉면 만드는 거였던 거예요?"

"그러게 말이다. 나도 이번에 알았어. 사실 학교 다닐 때는 공부를 워낙 잘해서 모두들 공부만 좋아한다고 생각했거든. 게다가 성격도 차분하고 신중해서 판사가 되었을 때 모두들 고개를 끄덕거렸지. 그 친구도 사실 판사가 꿈이라고 했었고. 그런데 아주 어렸을 때부터 냉면이 그렇게 좋았대. 판사가 된 후 법원 앞에 단골 냉면집이 생겼는데, 먹으면 먹을수록 그 냉면을 만들어야겠다는 생각이 들었대. 그래서 쉴 때마다 냉면집에 가서 비법을 전수하고 가족들에게 해 주었더니 다들 환상적인 맛이라며 좋아했대. 그래서 제2의 인생을 살기 위해 과감히 판사직을 버리고 냉면집을 차렸대. 그리고 사실 판사 일이 생각보다 자기랑 맞지 않았다는구나. 냉면 만들면서 자기 적성이 이거라는 걸 알게 되었다나 뭐라나……."

"우아, 무슨 드라마 같아요. 그런 일이 현실에도 있다니!"

나는 정말 깜짝 놀랐다.

"정말 사람 앞일 어떻게 될지 모르네요. 정해진 게 하나도 없어."

엄마도 놀라워했다. 우리는 판사, 아니 냉면 아저씨에 대해 좀 더 얘기를 나누었다. 그러다 대화가 갑자기 나에 대한 것으로 바뀌었다.

"근데 우리 수민이는 어떤 일이 적성에 맞을까?"

"그래, 일단 선생님은 아니라고 했으

니 가르치는 일은 적성이 아닌 것 같고…… 뭐 생각해 본 거 있니?"

아빠도 몹시 궁금한 표정으로 나를 보았다.

"할머니도 무척 궁금하신 눈치야. 우리 수민이가 얼마나 멋진 미래를 꿈꾸는지 말이야."

"아, 그게……."

나는 말을 얼버무렸다. 그 순간 대답을 기다리는 엄마와 아빠의 얼굴에 내 미래나 걱정하라고 비웃던 주강현의 얼굴이 겹쳐졌다. 그러자 머릿속에 한 가지 일이 딱 떠올랐다.

"직업을 찾아 주는 일이요!"

"뭐? 직업 상담가 같은 건가? 그게 적성에 맞을 것 같아?"

아빠가 고개를 갸웃거렸다. 하지만 나는 적성이란 게 뭔지 몰라 대답할 수 없었다.

"음, 근데 적성이 뭐예요?"

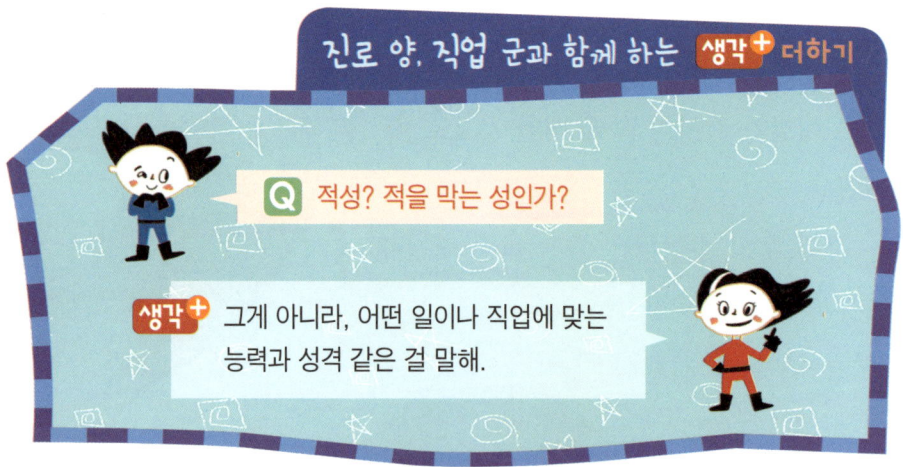

적성 검사가 딱 맞아?

"대박! 수민아, 네가 말한 직업이 내 적성에 맞다고 나왔어. 진짜 신기하다."

다연이가 검사 결과를 들고 내 자리로 왔다.

지난주 수요일에 4학년부터 6학년까지 적성 검사를 했는데, 그 결과가 오늘 나온 것이다. 그렇지 않아도 저번에 엄마랑 아빠랑 적성에 대해 얘기를 나눈 적이 있어서 누구보다 그 결과가 궁금했다.

그런데 정말 신기한 게 내가 친구들한테 말해 준 직업과 검사 결과가 맞아떨어진 게 많았다. 내 직업도 말이다. 나는 그때 직업을 찾아 주는 일을 하고 싶다고 했다.

"이것 좀 봐."

다연이가 자기 검사 결과를 보여 주었다. 다연이의 적성은 '기업형'으로 나와 있었다. 보니까 다연이랑 정말 잘 맞았다. 기업형은 말을 잘하고 리더십이 있고 활발하다는 특성이 있는데 다연이가 그렇다. 대표 직업엔 판사, 정치인, 감독 같은 게 있었다. 내가 다연이한테 말한 직업이 바로 판사였다.

"너는 어떻게 나왔어?"

다연이가 내 결과를 힐끗거렸다. 나는 자랑스럽게 보여 주었다. 저쪽에서 주강현이 안 보는 척하면서 나를 보는 게 느껴졌기 때문이다. 나는 큰 소리로 말했다.

"내 꿈이 사실 직업 찾아 주는 사람이었거든. 이 일이 완전 나한테 딱 맞을 것 같은 느낌이 팍팍 든 거야. 근데 정말 그렇게 나온 거 있지?"

역시나 주강현이 하던 일을 멈추고 내 말에 귀를 기울이고 있었다. 물론 나를 보지는 않았지만 느낌이 왔다.

"여기 봐봐. '사회형'으로 나왔지? 읽어 보니까 사회형은 친절하고 이해심이 많고 남을 잘 도와주는 성격이라잖아. 이거 완전 나랑 딱 맞지 않냐?"

"직업 찾아 주는 일도 있냐? 그게 어디 사회형에 나왔어?"

예상대로 주강현은 내 얘기를 다 듣고 있었다. 그러니 이렇게 바로 딴죽을 걸지. 하지만 난 뭐라고 반격해야 하는지 바로 떠올랐다. 내가 직업을 찾아 주는 일을 한다고 하니까 아빠가 직업 상담가라고 말했던 걸 써먹으면 된다.

"너는 왜 그렇게 상상력이 없냐? 사회형 대표 직업에 상담가가 있잖아. 이게 직업이랑 연결되면 직업 찾아 주는 일이지!"

주강현의 얼굴이 또 빨개졌다. 주강현은 무슨 할 말이 더 있는 것 같은 표정이었지만 바로 종이 치고 선생님이 들어왔다.

"적성 검사 결과 모두 보았죠? 적성

은 자기가 잘하고 좋아하고 원하는 일을 알려 준답니다."

"하지만 선생님! 이걸 미래 예언처럼 믿는 건 바보 같은 짓이죠?"

주강현이 나를 보더니 손을 번쩍 들고 선생님한테 물었다. 주강현이 말하는 '바보'는 바로 나를 두고 하는 말일 거다. 하지만 괜찮다. 선생님이 주강현의 말이 틀렸다고 말해 줄 테니까. 적성 검사를 시킨 건 선생님이니까 말이다.

"바보까지는 아니지만 예언처럼 믿는 것도 안 돼요. 이건 그냥 참고하는 겁니다. 이걸 보고 여기 나온 직업을 꼭 얻어야 하는 것도 아니고, 그렇게 된다는 것도 아니에요. 지금 그 직업이 적합하다고 해서 어른이 되어서도 적합한 것도 아니고요. 그럴 수도 있고 아닐 수도 있어요."

엥? 선생님이 지금 무슨 말을 하는 거지? 적성 검사가 자기 적성이랑 그것에 맞는 직업을 알려 주는 거라고 해 놓고 맞지 않을 수도 있다니! 그럼 왜 이런 검사를 한 거야? 다른 친구들도 나처럼 이해하지 못하는 표정이었다. 그러자 선생님이 덧붙여 말했다.

"왜냐하면 우리가 성장하면서 성격도 변하고 능력도 변하기 때문에 적성도 계속 변해요. 또, 검사로는 드러나지 않은 숨은 적성도 있어요. 잠재력이라고 하죠. 진짜 적성은 자기가 좋아하고 원하고 잘하는 일이에요. 이건 한 가지로 정해진 게 아니에요."

그제야 아이들이 고개를 끄덕였다. 하지만 난, 고소한 듯 나를 보고 실실거리는 주강현의 얼굴을 보자 고개를 끄덕일 수 없었다. 그럼 주강현은 맞고 나는 틀린 게 되기 때문이다. 저 녀석의 얼굴을 어떻게 다시 빨개지게 만들어 주지?

열정이 제일 큰 소질

"뭐? 주강현? 내가 아는 그 주강현?"

정우가 오늘 할머니 요리 교실에 친구를 데리고 온다고 했는데, 그게 바로 주강현이란다. 원수 중의 원수 말이다!

"응, 너희 반 주강현. 나랑 같이 '방과 후 로봇 교실' 하잖아. 알고 보니까 꿈이 요리사랑 로봇 과학자래. 요리하는 로봇을 만들 거라나, 뭐라나…… 암튼 그거래."

"내가 걔 엄청 싫어하는 거 몰라? 빨리 전화해서 오지 말라 그래!"

"어쩌지? 벌써 와 있을 텐데…… 나는 네가 그렇게 싫어하는 줄은 몰랐지."

정말 주강현은 벌써 와서 할머니랑 재료 손질까지 하고 있었다.

"이제 오니? 친구는 벌써 와서 기다리고 있었다."

친구라니요? 누가요? 저 녀석이요? 나는 할머니한테 친구가 아니라

원수라고 소리쳐 말해 주고 싶었지만 일단은 꾹 참기로 했다. 그런데 주강현도 내가 오는 줄 모른 눈치였다.

"어, 너…… 네가 왜?"

"아, 맞다. 내가 얘기 안 했지. 요리 샘이 바로 수민이 외할머니셔."

"아……!"

주강현이 황당한 표정을 지었다. 하지만 나갈 생각은 없는 것 같았다. 그사이 할머니가 수업을 시작했다.

"자, 그럼 오늘 수업을 시작하겠습니다. 오늘은 김밥을 만들기로 했죠? 여기 있는 재료 중에서 골라 각자 개성 있게 만들어 보세요."

나는 내가 좋아하는 재료들을 골랐다. 계란, 오이, 단무지, 햄, 맛살, 치즈. 정우는 계란, 오이, 단무지, 참치, 깻잎을 골랐다. 주강현은 계란, 파, 소시지, 오이, 단무지, 당근을 골랐다. 살다 살다 김밥에 파를 넣는 인간은 처음 봤다. 역시 뭘 제대로 하는 게 없는 녀석이다.

"선생님! 김밥에 파도 들어가요? 그런 김밥은 본 적 없는데요?"

나는 이때를 놓치지 않고 할머니한테 물었다. 주강현이 나를 째려봤다. 하지만 나는 모른 척했다.

"음, 그건 만드는 사람 마음이에요. 그래서 여기 여러 가지 재료를 준비한 거예요. 여러분이 지지고 볶고 썰어서 맘껏 만들어 보세요."

에잇! 다른 흠을 찾아내야겠다. 뭔가 하나는 있을 것이다. 그렇게 쉬운 춤 동작 하나도 제대로 못 외우는 애가 무슨 요리를! 나는 주강현이 무엇을 어떻게 하는지 곁눈질로 계속 살폈다. 예상대로 주강현은 자기

멋대로 춤을 췄던 것처럼 자기 마음대로 김밥을 만들고 있었다.

주강현이 만드는 김밥은 이상한 점이 한두 가지가 아니었다. 지단은 계란말이를 만들듯 파를 썰어 넣어 두껍게 부쳤다. 그리고 소시지는 사각으로 아주 작게 썰어 프라이팬에 볶았다. 가장 황당한 건 그 볶은 소시지를 밥에 넣어 버무리는 거다. 무슨 볶음밥도 아니고! 그리고 가만 보니 주강현은 절대 요리사가 될 수 없었다. 주강현은 칼질을 너무 못했다!

"선생님! 우리가 지금 볶음밥 만드는 건 아니죠?"

나는 주강현과 김밥인지 볶음밥인지를 힐긋 보고 할머니한테 물었다. 하지만 주강현은 자기 얘기인 줄 뻔히 알면서 이번에는 아예 모른 척하며 자기 일만 했다.

"오늘따라 수민이가 왜 이렇게 말이 많은지 모르겠군요. 그냥 자기 요리에 집중하세요."

내 얼굴이 빨개졌다. 하지만 나는 물러서지 않고 또 물었다.

"그럼 마지막 한 가지만 더 물을게요. 정말 중요한 거예요. 저, 우리 중에 누가 가장 요리에 소질이 있어요? 아니면 가장 소질 없는 사람이 누구예요?"

그러자 정우와 주강현이 동시에 할머니를 쳐다봤다. 둘 다 이건 궁금한 모양이었다. 할머니는 할 수 없다는 듯 우리 셋을 차례로 쳐다보며 말했다.

"정 알고 싶다면 잠깐 평가해 보겠어요. 정우는 재료의 양과 순서를

> 오늘의 한줄 요약
> 열정이 제일 큰 소질이다.

정확히 지키는 장점이 있지만 아직 개성은 부족해요. 수민이는 개성도 있고 재료 손질도 잘하지만 요리를 할 때 집중력이 떨어질 때가 있어서 간이 종종 안 맞아요. 그리고 강현이는…… 오늘 처음 봐서 아직 판단하기 이르지만 집중력이 좋고 요리에 대한 열정이 느껴져요. 요리를 대하는 자세가 참 진지한 점이 훌륭하고."

"그것만으로 훌륭한 요리사가 될 수는 없잖아요! 칼질도 못하는데."

나는 주강현을 힐긋 보았다. 자기가 요리에 재주가 없다는 걸 알면 스스로 이 요리 교실을 떠나겠지? 하지만 할머니는 내 생각과는 전혀 다른 말을 했다.

"절대 그렇지 않아요. 자기가 하고자 하는 일에 열정을 갖고 집중하면 결국 잘하게 돼요. 칼질 같은 기술은 되풀이해 계속 연습하다 보면 잘할 수 있어요. 소질이나 재주는 계속 변하고 발전하는 거예요. 어떻게 보면 열정이 제일 큰 소질이죠."

그러니까 할머니 말을 요약하자면 주강현이 요리에 소질이 있다는 얘기다. 칼질도 못하고 요리법도 어기는데 열정이 있으니까 말이다.

결국 어제 선생님이 한 말과 같다. 좋아하는 일이 적성이라는 말 말이다.

또 내가 틀렸다고 생각하니까 다시 얼굴이 빨개졌다. 주강현은 자기를 칭찬하고 있는데도 별로 관심이 없다는 듯 열심히 김밥을 말고 있었다.

"야, 너 주강현 싫어하는 게 아니라 좋아하는 거 아냐?"

정우가 팔꿈치로 옆구리를 쿡쿡 찌르며 진지하게 물었다.

"미쳤냐? 무슨 말 같지도 않은 소리야?"

나도 모르게 소리를 꽥 질렀다. 할머니와 주강현이 동시에 나를 쳐다봤다. 그 순간 주강현과 눈이 딱 마주쳤다. 내 얼굴이 더 빨개졌다. 나는 얼른 눈길을 피해 도마 위에 김 한 장을 펼치고 서둘러 김밥을 만들기 시작했다.

> 진짜 내
> 적성 찾기

내 적성은 어떤 걸까요?

　세상이 변하면서 직업이 변하듯 살아가면서 각자의 적성도 변해요. 적성이란 어떤 활동이나 직업에 적합한 성격과 능력, 재주 등을 말해요. 자신의 적성에 잘 맞는 일을 해야 만족을 느끼고 행복하게 살 수 있지요. 그러면 어떻게 자신의 적성을 알 수 있을까요?
　적성을 찾는 방식은 크게 두 가지예요. **첫 번째**는 ★적성 검사 를 해 보는 것이고, **두 번째**는 ★다양한 경험 을 통해 스스로 찾는 거예요.

★적성 검사

　적성 검사를 하면 자신의 재능과 소질을 비교적 쉽게 알 수 있어요. 시험을 보듯 검사지를 풀면 그 결과를 성적표처럼 확인할 수 있지요.
　하지만 적성은 태어나면서부터 정해지는 것도 아니고 한 가지만 있는 것도 아니에요. 적성은 계속 변하고 계발된답니다. 그래서 적성 검사 결과는 참고만 하는 것이 좋아요. 현재 두드러지게 드러난 재능과 소질일 뿐 그것으로 완전히 정해진 것은 아니에요. 아직 나의 성격이나 취향을 정확하게 모르는 상태에서 적성 검사 결과만을 믿고 거기 나온 대로 직업을 결정하는 건 그리 바람직하지 않아요.

★ **다양한 경험**

책을 많이 읽고 여러 경험을 통해 내가 무엇을 원하고 무엇을 좋아하고 무엇을 잘하는지 스스로 찾아야 해요.

다양한 경험을 하면 어떤 일에 관심이 있고 잘하는지, 어떤 일은 잘하지는 못하는데 흥미로운지 등을 알아 가며 자신의 적성을 파악할 수 있어요.

이 과정은 번거롭고 시간도 많이 걸리지만 자기 자신을 발전시킬 수 있고 잠재력을 깨달을 수도 있어요. 적성 검사에는 잠재력이 잘 안 나타나는 경우가 많거든요.

적성 검사도 하고 다양한 책을 읽으며 경험을 해 나가야 진짜 적성을 찾을 수 있고 또 계발할 수 있답니다.

내 성격을 보면 적성을 짐작할 수 있다고요?

	유형	성격
1	실재형	말수가 적고 솔직하면서도 고집스러운 면이 있으며 한 가지 활동을 오래 한다.
2	탐구형	호기심과 탐구심이 많으며 신중하고 내향적이다.
3	예술형	상상력이 풍부하고 자유분방하며 개성이 강하다.
4	사회형	사람들과 어울리기를 좋아하고 친절하며 남을 잘 도와준다.
5	기업형	말을 잘하고 경쟁심이 있으며 외향적이고 열성적이다.
6	관습형	정확하고 꼼꼼하며 책임감이 강하다.

적성	대표 직업
사람들과 잘 어울리는 능력은 부족하지만 기계적이고 기술적인 능력이 뛰어나다.	기술자, 항공기 조종사, 정비사, 운동선수 등.
리더십은 부족하지만 수학과 과학을 잘하고 탐구 활동을 흥미 있어 한다.	과학자, 의사, 컴퓨터 프로그래머 등.
체계적이고 논리적인 면은 약하지만 예술적 재능이 있고 창조에 열의를 보인다.	화가, 작곡가, 작가, 배우, 무용가, 디자이너 등.
기계적이고 과학적인 능력은 부족하지만 다른 사람을 잘 가르치고 함께 잘 지내는 능력이 있다.	교육자, 사회복지가, 상담가, 언어 치료사, 간호사 등.
과학적인 능력은 부족하지만 사람들을 잘 설득하고 리더십이 있다.	기업경영인, 판사, 정치인, 판매원, 연출가 등.
예술적인 상상력은 부족하지만 계산을 잘하고 체계적으로 정리를 잘한다.	공인회계사, 은행원, 세무사, 감사원 등.

- 직업에 대한 흥미와 능력, 특성에 따라 여섯 가지로 나눈 "홀랜드의 직업 적성 유형"

정우와 수민 이야기

5장 한 발 앞으로

정우, 영재 시험에 도전하다!

"엄마, 아빠! 저 영재 시험 쳐 볼래요!"

일주일간 깊이깊이 고민하다 내린 결론이다.

"뭐? 갑자기 뜬금없이 왜? 작년에 엄마가 한번 쳐 보라고 쳐 보라고 그렇게 말할 때는 절대 안 본다더니……."

엄마가 믿지 못하겠다는 얼굴로 되물었다.

"저 프로게이머 말고 프로그래머가 되려고요!"

"엥? 왜?"

아빠 눈도 동그래졌다. 아빠가 게임 금지를 풀어 준 후로 진짜 프로게이머가 될 생각에 하루도 빠짐없이 두 시간씩 게임을 했기 때문이다.

처음엔 정말 신났다. 그런데 일주일 정도 지나니까 하면 할수록 머릿속이 게임 생각으로 가득 차 다른 일에 집중이 안 되었다. 해야 할 일을 아예 잊어버리기도 했다. 꿈 노트에도 게임 얘기만 쓰니까 내용이

매일 똑같았다.

"할아버지처럼 수술이 잘못돼서 고생하시는 분들 위해서 수술 프로그램을 만들고 싶대요."

내가 자세하게 설명하려는 순간 누나가 옆에서 끼어들었다. 하지만 별로 기분이 나쁘지 않았다. 누나가 정확히 잘 말했기 때문이다. 나는 여기에 좀 더 자세한 설명을 덧붙였다.

지난번 두 번째로 한 할아버지 무릎 수술이 또 잘못되어 다시 해야 한다는 말을 들었을 때 나 때문인 줄 알고 엄청 울었다. 게임에 빠져서 몇 주 동안 운동을 제대로 못 모시고 갔기 때문이다. 알고 보니 운동을 안 해서가 아니라 처음부터 무릎 수술이 정확하게 안 되어 또 하게 된 거였다.

하지만 이 일로 나는 너무 큰 충격을 받았다. 그때는 할아버지가 꼭 돌아가실 것 같았다. 그리고 할아버지한테 너무 죄송했다. 할아버지 무릎을 낫게 해 드린다고 큰소리도 뻥뻥 치고 나 스스로도 굳게 다짐까지 했는데 이런 일이 벌어졌기 때문이다. 그래서 빨리 의사가 되어 내가 직접 할아버지 무릎을 수술해야겠다는 생각이 들었다.

"정말 의사가 되고 싶어? 직업은 좋아할 수 있는 일이기도 해야 해."

누나한테 의사로 꿈을 바꾸겠다고 말하자 누나가 다시 신중하게 생각해 보라고 했다.

"그게 중요해? 지금은 할아버지가 중요하지! 언제는 큰 꿈을 가지라며! 의사가 되면 할아버지도 고칠 수 있고 다른 사람도 다 고칠 수 있잖아!"

"네가 좋아하고 즐겁게 할 수 있는 일 중에서 다른 사람을 위한 일이 있는지 생각해 봐. 이게 바로 네가 나아가야 할 길이야. 어려운 말로 진로라고 하지!"

잘난 척은! 어쨌든 그날 이후로 내가 어떤 길을 가야 할지 진짜로 고민하게 되었다. 하지만 이런 중요한 일을 혼자 고민하는 건 힘들어서 이번에도 수민이한테 물어보았다. 그렇지 않아도 수민이 꿈이 직업을 찾아 주는 사람이니까.

"음, 너는 컴퓨터를 좋아하니까 컴퓨터 관련한 일 중에서 할아버지처럼 아픈 사람들을 도와줄 수 있는 일이 있는지 찾아보는 게 어때? 나는 그쪽은 잘 모르니까 네 삼촌한테 물어보는 게 좋을 것 같아."

나는 바로 삼촌한테 전화했다.

"전에 신문에서 이런 기사를 읽은 적이 있기는 해. 수술 시뮬레이션 프로그램이란 게 있대. 이게 뭐냐면 안전하고 정확한 수술을 위해 가상으로 미리 연습을 해 볼 수 있는 프로그램이야. 가상 현실 프로그램이지."

역시! 수민이한테 물어보고 삼촌한테 전화하기를 잘했다. 삼촌의 말을 듣는 순간 머리에 번쩍 불빛이 들어오는 게 느껴졌다. '바로 이거야!' 하는 느낌 말이다.

마침 삼촌이 말한 '가상 현실'이 제목에 들어간 책이 집에 있는 게 떠올랐다. '감쪽같은 가상 현실'이라는 책이다. 나는 즉시 찾아서 바로

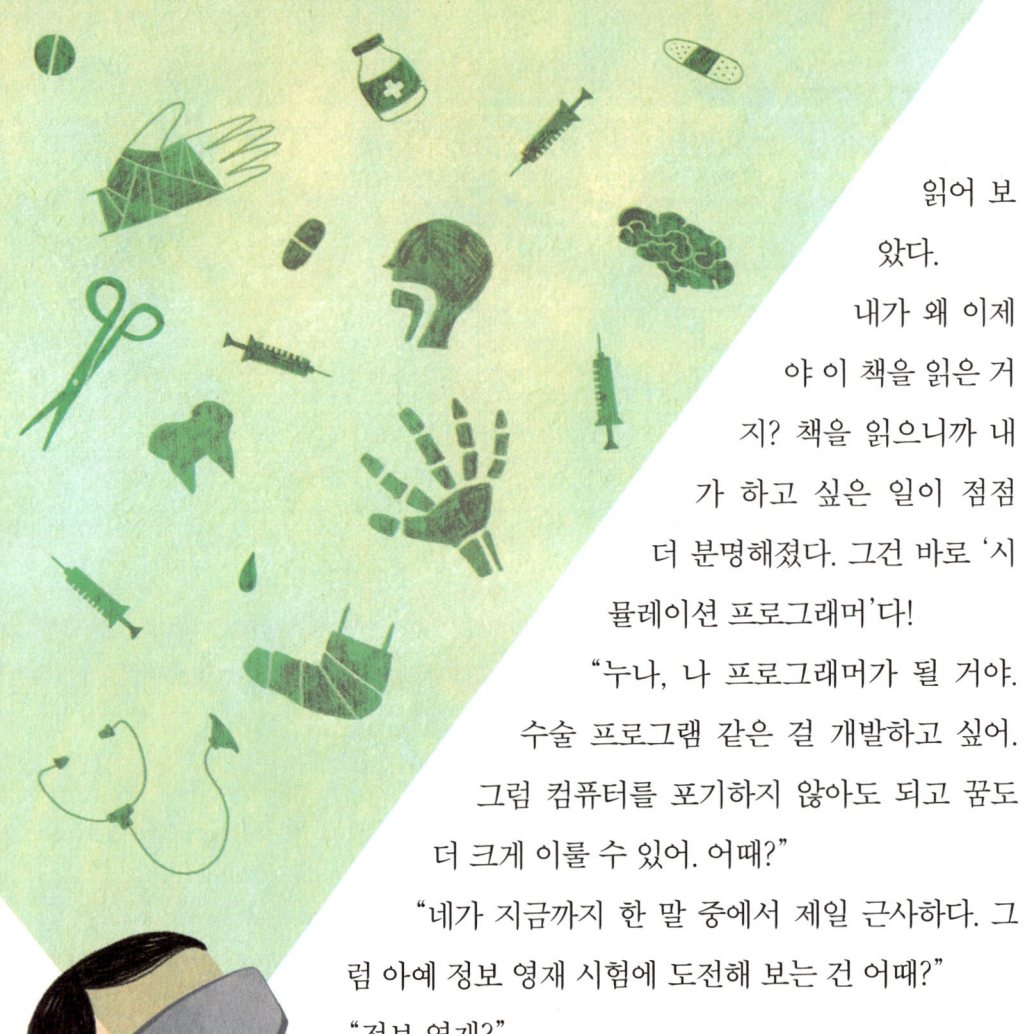

읽어 보았다.

내가 왜 이제야 이 책을 읽은 거지? 책을 읽으니까 내가 하고 싶은 일이 점점 더 분명해졌다. 그건 바로 '시뮬레이션 프로그래머'다!

"누나, 나 프로그래머가 될 거야. 수술 프로그램 같은 걸 개발하고 싶어. 그럼 컴퓨터를 포기하지 않아도 되고 꿈도 더 크게 이룰 수 있어. 어때?"

"네가 지금까지 한 말 중에서 제일 근사하다. 그럼 아예 정보 영재 시험에 도전해 보는 건 어때?"

"정보 영재?"

"응. 그게 컴퓨터와 관련된 영재 수업이야. 교육청에서 하는 거 말이야. 이왕 꿈을 정했으니 그 길로 열심히 걷고 뛰어야지."

"무슨 말이야?"

"하기로 마음먹었으면 뭐든 도전하고 시작하는 게 좋다는 뜻이야. 자기 길은 결국 자기가 직접 가야 하는 거거든. 자기가 자기 인생의 주인공이니까!"

자기 인생의 주인공이라고? 내가 내 인생의 주인공이다?

나는 하루를 더 고민했다. 작년에 엄마가 수학 영재 시험을 보자며 연습 문제를 풀게 했던 게 기억났다. 그때 딱 한 장 풀고는 바로 포기했다. 사실 엄마가 그 얘기를 꺼냈을 때부터 볼 생각이 없었다. 하지만 이유 없이 안 본다고 하면 억지로 시킬 게 뻔했다. 그래서 일단 문제집을 풀어 왕창 틀리고는 영재 시험을 볼 만한 수준이 아니란 걸 직접 보여 주었다. 하지만 엄마는 연습하면 된다면서 자꾸 더 풀게 하였다. 그래서 나는 최후의 방법으로 똥고집을 피웠다. 절대 안 본다고. 그러자 엄마가 포기했다.

하지만 지금은 다르다. 내가 원한다. 나는 태어나서 처음으로 정말 열심히 해 보고 싶다는 마음이 생겼다. 그것은 마치 불길처럼 내 마음을 뜨겁게 했다.

엄마가 내 이야기를 다 듣고 나더니 한마디로 말했.

"네가 선택한 거니까 열심히 준비해야 한다."

"당연하죠!"

나는 주먹을 불끈 쥐고 방으로 들어가 작년에 풀다가 만 영재 시험 문제집을 찾아서 풀기 시작했다.

"보드게임 사 달라고 졸라 대던 그 정우 맞아? 우리 정우가 그새 어른이 다 됐네."

거실에서 아빠가 큰 소리로 말했다. 흐뭇해하는 게 느껴졌다. 나도 왠지 모르게 뿌듯하고 기분이 좋았다. 누나 말대로 진짜 멋진 영화 속의 주인공이 된 것 같은 기분이 들었다. 이 영화의 결말은 당연히 내가 꿈을 이루는 것이다. 그 길을 향해 한 발 앞으로!

수민, 백 가지 직업을 찾아 떠나다!

정우가 영재 시험에 도전한다는 말을 듣고 나도 뭔가를 해야겠다는 생각이 들었다. 무엇을 해 볼까 이런저런 궁리를 하다가 내 꿈이 직업을 찾아 주는 사람이니까 직업에 대해 조사해 보면 좋겠다는 생각이 들었다.

"주변에 뭔가 좀 특이한 직업을 가진 분 없을까요? 어린이들은 잘 모르는 직업이요."

나는 먼저 가족들에게 내 계획을 말하고 도움을 구했다. 이왕이면 사람들에게 잘 알려지지 않은 직업부터 조사하고 싶었다.

"특이한 직업? 가만 보자……. 있다, 있어! 수민이 너 '아이스메이커'라고 들어 보았니?"

아빠가 제일 적극적으로 관심을 보였다.

"아니요. 그게 뭔데요? 혹시 아이스크림 만드는 기계예요?"

나는 '아이스'와 '메이커'라는 단어에서 문득 그런 생각이 들었다.

"하하, 아니! 아이스메이커는 빙상장의 얼음판을 만들고 관리하는 직업이야."

나는 그런 직업이 있는 줄 처음 알았다. 얼음판을 만드는 일이 직업이라니! 당장 만나 보고 싶었다.

그분은 아빠 친구의 형님이었다. 일하는 모습을 직접 보고 싶다고 하니까 컬링 경기장으로 오라고 했다.

"얼음판 위에서 하는 경기는 여러 가지가 있지. 다 같은 얼음으로 보이겠지만 경기마다 필요한 얼음판의 성질이 달라. 그래서 특별히 그 일을 하는 사람을 '아이스메이커'라고 부르지. 컬링 얼음판은 만들기가 굉장히 까다로워. 얼음판에 조금이라도 홈이 있거나 수평이 안 맞으면 경기 결과 자체가 바뀌어 버리거든. 그래서 거의 완벽하게 수평이 되게 만들어야 해."

아저씨는 아이스메이커의 일이 컬링 경기의 시작과 끝이라고 했다. 경기장이 합

격점을 받아야 대회가 열릴 수 있고 얼음판이 잘 만들어져야 좋은 경기를 할 수 있기 때문이다. 그래서 컬링 경기를 하는 선수의 마음으로 일을 한다고 말했다.

"아주아주 꼼꼼한 성격이어야 할 것 같아요."

"그렇지. 다른 직업보다 더 완벽을 추구해야지. 얼음판을 만드는 동안은 다른 생각을 해서는 안 돼. 그리고 얼음을 사랑해야 해. 물을 얼린다고 다 같은 얼음이 아니거든."

그래서 컬링 얼음판을 만들 때는 특별히 정수된 물을 사용한다고 했다. 그래야 얼음이 정교하고 아름답게 얼기 때문이란다.

나는 아저씨와 이야기를 나누면서 누구나 다 자기 일의 주인공이라는 생각이 들었다. 경기를 볼 때는 컬링 선수들이 주인공 같은데, 아저씨처럼 빙상장을 만들고 관리하는 분들 입장에서는 컬링 선수들이 오히려 조연이다. 아저씨의 일을 빛내 주는 조명 같은 역할 말이다.

운 좋게도 바로 두 번째 직업을 조사할 수 있었다. 그런데 그게 누구냐 하면 바로 주강현의 삼촌이다!

"너, 강현이 삼촌을 조사해 보는 건 어때?"

정우가 주강현한테 내가 특이한 직업을 조사한다고 말했단다. 그랬더니 그 녀석이 자기 삼촌 직업이 특이하다며 소개를 해 준다고 했다나 뭐라나.

"별로 가고 싶지 않은데……."

"이제 강현이랑 화해해라. 같이 요리 교실도 다니는데 계속 그렇게 지낼 거야? 걔 덕분에 할머니도 더 즐거워하시잖아."

정우 말이 맞다. 할머니는 벌써 주강현을 수제자로 점찍으셨다. 그리고 주강현도 이제 학교에서 나한테 딴죽을 거는 일이 거의 없다.

"뭘 화해해? 싸운 적도 없는데!"

"그럼 가는 거지? 걔네 삼촌이 내가 제일 좋아하는 축구팀에서 일한대, 히히."

그러면 그렇지! 정우가 적극적으로 나서는 데 이유가 있었다. 하지만 나도 가서 주강현 삼촌이 무슨 일을 하는지 알아보고 싶었다.

"내가 원래 축구 선수였거든. 그것도 아주 잘나가는 미래 국가 대표였다고."

"진짜 국가 대표였어요?"

"그게 아니라, 미래! 그러니까 고등학교 1학년 때까지 축구를 했거든. 정말 아주 잘했어. 주위에서 곧 국가 대표가 될 거라고 기대할 만큼 말이야."

나는 이 말을 믿어야 할지 말아야 할지 분간이 안 됐다. 몸치 주강현을 생각하면 그 삼촌이 운동을 잘했다는 게 믿기지 않는다. 하지만 삼촌 표정이 너무 진지해 사실인 것 같기도 했다.

"그런데 고등학교 2학년 때 훈련을 하다가 무릎 인대를 크게 다쳤어. 결국 축구를 그만두게 되었지. 눈앞이 캄캄했어. 내 인생엔 축구밖에 없었거든. 내가 뭘 할 수 있을까, 어떻게 살아야 할까 내내 고민했어. 그런데 아무리 고민해도 축구 말고는 하고 싶은 게 없는 거야. 축구를 안 하면 죽을 것 같고……."

"그래서 축구 매니저를 하게 되신 거예요?"

나는 냉면집 사장님이 된 판사 아저씨가 떠올랐다. 그분은 자기가 좋아하는 일을 하려고 판사를 그만두었고, 주강현의 삼촌은 좋아하는 일을 할 수 없게 되어 다른 일을 하게 되었다. 하지만 아예 다른 일은 아니고 좋아하는 일과 관련된 거다. 어찌 되었든 축구니까 말이다.

"그렇지! 그런데 축구만 하느라 그동안 공부를 하나도 안 한 거야. 선수 관리에도 전문 지식이 꽤 필요하거든. 처음엔 어떻게 공부하나 걱정이 많았는데 이거 아니면 할 게 없다고 생각하니까 눈에 불을 켜고 하게 되더라고. 그래서 겨우 대학에 들어가 대학 축구부를 쫓아다니며 매니저 일을 했지. 그것이 지금까지 이어진 거고."

"무슨 영화 속 이야기 같아요. 근데 축구 매니저는 무슨 일을 하는 거예요?"

"나 같은 경우는 선수들이 최고 실력으로 경기를 할 수 있도록 관리해. 한마디로 선수의 몸과 마음, 시간 등을 관리하는 거지. 심리적으로 힘든 일은 없는지, 다친 데는 없는지, 훈련은 적당하게 하는지 등등 관리할 게 많아."

"할 일이 되게 많네요. 축구를 하는 게 더 재미있지 않아요?"

"축구는 축구대로 재미있고 지금 일은 지금 일대로 재미있어. 선수들이 뛰는 걸 보면 솔직히 부럽기도 하지만 그럴수록 우리 선수들이 더 잘할 수 있게 도와야 한다는 생각을 해. 나는 내가 열두 번째 선수

라고 생각하지."

삼촌은 대화를 하는 내내 아주 진지하게 말했다. 이 집안은 아무래도 진지함이 대대로 유전되나 보다. 주강현도 그렇고 삼촌도 그렇고 둘 다 자기가 하는 일에 아주 열심인 걸 보면 말이다.

"그런데 일이라는 게 언제나 즐겁지는 않아. 알지?"

"우리 아빠를 보니까 그런 것 같아요. 힘들 때도 많나 봐요."

정우가 말했다. 나도 그렇게 생각한다. 내가 선생님이 되고 싶지 않았던 이유도 나한테는 힘든 일이 많기 때문이었으니까.

"맞아. 그래서 좋아하는 일을 하는 게 중요해. 좋아하지 않으면 힘들 때 엄청 짜증 나거든. 나도 선수들하고 의견이 안 맞을 때나 몰라서 실수한 걸 가지고 엄청 욕을 먹을 때가 있어. 그럴 때 스트레스를 받지. 하지만 이것도 일의 일부라고 생각하면 금방 풀리긴 해."

삼촌은 내년에 스포츠 마케팅 공부를 좀 더 하려고 유학을 간다고 한다. 나는 선뜻 이해가 가지 않았다. 왜냐하면 보통은 공부를 마치고 회사에 들어가면 끝이기 때문이다. 그런데 반대로 일을 그만두고 다시 공부를 한다니 말이다.

"꿈을 키우기 위해서야. 어떻게 하면 축구를 즐기는 문화를 좀 더 널리 퍼뜨릴 수 있을지 공부하면서 생각해 보려고. 이렇게 재미있는 축구를 더 많은 사람들이 함께 즐기면 더 좋잖아."

삼촌 이야기를 들으면서 나는 나와 정우와 주강현의 미래를 그려 보았다. 우리의 미래는 어떻게 펼쳐질까? 지금 우리가 꿈꾸는 대로 살게

될까? 아니면 전혀 다른 모습으로 살까?

내가 이런 생각을 하는 걸 알았는지 삼촌이 마지막으로 이런 말을 했다.

"너희도 나중에 무슨 일을 하며 어떻게 살고 있을지 궁금하지? 내가 여러 일들을 겪으면서 한 가지 깨달은 게 있어. 그건 한 발 한 발 내딛는 것이 중요하다는 거야. 미래는 내가 꿈을 꾸든 꾸지 않든 오게 돼 있어. 하지만 내가 꿈꾸는 미래는 내가 앞으로 나아가야만 오는 거야. 뭐든 일단 해야 해. 그냥 막 하면 안 되고 꿈을 생각하면서 말이야."

세상은 넓고 할 일은 많다. 그리고 새로운 직업도 많다. 그럼, 세 번째 직업을 찾아서 떠나 볼까?

> 내가 주인공인 이야기 쓰기

나도 진로 계획을 세우고 싶어요!

'진로'를 한자어 그대로 풀이하면, '나아가는 길'이에요. 나아갈 진(進), 길 로(路)거든요. 이 길은 정우 누나 유나가 말한 것처럼 꿈을 향해 나아가는 길이에요. 그냥 나아가는 건 아니고 강현이 삼촌 말처럼 현재 어떤 일을 하고 행동을 하는 거지요. 이것이 이어져 미래로 향한 길을 만들어 나가거든요.

꿈꾸는 일이 있다면 진로 계획을 세워 봅니다. 이건 꿈을 이루기 위해 어떤 일들을 해 나갈지 구체적으로 계획을 세우는 거예요.

정우는 프로그래머가 되어 수술 시뮬레이션 프로그램을 개발하고 싶어 해요. 이 길로 나아가기 위해 영재 수업을 받기로 하지요. 그러려면 영재 시험에 합격해야 해요. 그래서 작년에 그만두었던 시험공부를 하고 있어요.

수민이는 직업을 찾아 주는 사람이 되고 싶어 해요. 그래서 직접 직업을 조사해 보기로 하지요. 세상에는 수많은 직업이 있으니까 특이한 직업을 먼저 찾아보기로 한 거지요.

그런데 어떤 사람들은 '진로 계획'을 세울 때 어떤 학교에 들어가서 무슨 공부를 하고 나중에 어떤 회사에 들어갈지까지 정하기도 해요.

하지만 적성도 변하고 생각도 변하고 하고 싶은 일도 변할 수 있기 때문에 지금 당장 진로를 한 가지로 정할 수 없는 경우도 있어요. 가수에서 직업 상담가로 꿈이 바뀐 수민이나 프로게이머에서 프로그래머로 꿈이 바뀐 정우처럼요.

  그렇다고 아무 행동도 하지 않고 가만히 있으라는 뜻은 아니에요. 아직 꿈이 정해지지 않았다면 일단 주어진 일을 충실히 하면서 자신이 무엇을 좋아하고 잘하고 싶은지부터 찾아봅니다. 그러면 희미해 보이지 않던 길이 조금씩 모습을 드러낼 거예요.

  진로 계획을 할 때는 다른 사람의 이야기를 듣는 것도 도움이 되지만, 내가 어떤 일들을 겪었고 무엇을 좋아하며 앞으로 어떤 일을 하고 싶은지 적어 보는 것이 가장 큰 도움이 됩니다. 내가 주인공인 이야기를 써 보는 거지요.

내 꿈이 더 크게 자랄 수 있게 꾸준한 관심을 주어야 해!

스스로 쓰는 진로 계획 노트

☆내가 주인공인
　　나의 길을 찾아서

꿈을 꾸고 그 꿈을 이루기 위해 한 걸음 한 걸음 나아가는 것! 이것이 바로 진로야. 과거로부터 현재를 거쳐 미래로 향한 내 인생의 길이지. 이 길을 잘 걸어가려면 나 자신에 대해 아는 것이 가장 중요해. 그럼 나와 내 길을 찾아 떠나 볼까?

1. 나의 미래를 계획하려면 지금까지의 나를 돌아보고 내가 어떤 일들을 겪었는지 전체적으로 살펴보아야 합니다. 다음 물음에 답하면서 나를 더 깊이 이해해 보세요.

   (1) 태어난 곳 : _____

   (2) 나의 태몽 : _____

   (3) 나의 어린 시절에 대해 부모님께 들은 이야기

   _____

   _____

   (4) 인생 최초의 기억 : _____

   (5) 나의 가족 : _____

   (6) 내가 좋아하는 물건이나 장난감 : _____

   　　그 이유 : _____

   _____

(7) 나의 성격 : _____

(8) 나의 취미 및 좋아하는 일 : _____
_____

(9) 친구와 있었던 일 중에 기억에 남는 일 : _____
_____
_____

(10) 가장 좋아한 선생님 : _____

    그 이유 : _____

(11) 인상 깊게 읽은 책 : _____

    그 이유 : _____

(12) 인상 깊게 본 영화 : _____

    그 이유 : _____

(13) 가장 기뻤던 일 : _____
　　　　　　　　　 _____

(14) 가장 슬펐던 일 : _____
　　　　　　　　　 _____

(15) 가장 자랑스러운 일 : _____
　　　　　　　　　　　 _____

(16) 가장 후회되는 일 : _____
　　　　　　　　　　 _____

(17) 칭찬받은 일 : _____
　　　　　　　 _____

(18) 힘들었던 일 : _____
　　　　　　　　 _____

(19) 스트레스 해소법 :

(20) 현재 관심 있는 것 :

(21) 이 세상에 대해 궁금한 점 :

(22) 좋아하는 과목 :

　　그 이유 :

(23) 싫어하는 과목 :

　　그 이유 :

(24) 꿈의 변화 :

　　그 이유 :

2. 나의 바람과 앞으로의 계획을 세워 보세요.

(1) 나중에 내가 하고 싶은 일은 _____ 이다.

(2) 현재 내가 좋아하는 일은 _____ 이다.

(3) 내가 잘하는 일은 _____ 이다.

(4) 나의 계획은 아래와 같다.

★ 초등학교

★ 중학교

★ 고등학교

★ 대학교

★ 대학교 졸업 후

★ 30대 이후

3. 나를 알리는 명함을 만들어 보세요.
현재의 나를 소개하는 명함도 좋고 미래의 나를 소개하는 명함도 좋아요.

예)

직업발명가 **공정우**

나에게 꼭 맞는 새 직업,
두 번째 직업을 갖고 싶다면
연락 주세요!

나의 명함

나는 _____
_____ 하는 사람입니다.

내 직업은 직업발명가
초판 1쇄 2015년 12월 10일 | 초판 7쇄 2022년 7월 28일

글쓴이 강승임 | 그린이 박민희
펴낸이 김찬영 | 펴낸곳 책속물고기
출판등록 제2021-000002호 | 주소 서울특별시 영등포구 양평로 157, 1112호
전화 02-322-9239(영업) 02-322-9240(편집) | 팩스 02-322-9243
책속물고기 카페 http://cafe.naver.com/bookinfish | 전자메일 bookinfish@naver.com

ISBN 979-11-86670-10-1 13190

이 도서의 국립중앙도서관 출판예정도서 목록(CIP)은 서지정보유통지원시스템 홈페이지(http://seoji.nl.go.kr)와 국가자료공동목록시스템(http://www.nl.go.kr/kolisnet)에서 이용하실 수 있습니다.(CIP제어번호 : CIP2015028890)

품명 아동 도서 **제조일** 2022년 7월 28일
사용연령 10세 이상 **제조자** 책속물고기
제조국 대한민국 **연락처** 02-322-9239
주소 서울특별시 영등포구 양평로 157, 1112호
주의사항 종이에 베이거나 긁히지 않도록 조심하세요.
책 모서리가 날카로우니 던지거나 떨어뜨리지 마세요.
KC마크는 이 제품이 공통안전기준에 적합하였음을 의미합니다.

*이 책의 내용을 쓰고자 할 때는 저작권자와 출판사 양측의 허락을 받아야 합니다.
*잘못된 책은 바꾸어 드립니다.
*값은 뒤표지에 있습니다.